Teufelswerk

-

- Die irren Lichtspiele der Götter –

Ein Sachbuch über exakte Naturwissenschaft in der Steinzeit

Paul H. Krannich

BOD

Die Deutsche Nationalbibliothek verzeichnet diese Publikation in der Deutschen Nationalbibliografie; detaillierte bibliografische Daten sind im Internet über dnb.d-nb.de abrufbar.

Inhalt, Text, Satz und Gestaltung:
© 2010 Paul H. Krannich
Baasdorfer Straße 42
D-06366 Köthen (Anhalt)
E-Mail: paulhkrannich@web.de

Herstellung und Verlag:
Books on Demand GmbH, Norderstedt
In de Tarpen 42
D-22848 Norderstedt

November 2010

ISBN: 9783842342774

Die alten Bewohner Ägyptens wagten sich an Großes!

Ihr hervorragender Geist starb nicht mit ihnen,

und ihre Wissenschaft zeichnete sie aus!

Dann hat ihre Wissenschaft und was sie auszeichnete

ein Ende genommen,

und sie welkten dahin.

Doch schau, es steht sichtbar vor Dir,

denn die Pyramide zeigt sich uns, darauf gegründet!"

Imam Abu l-Abbas Ahmad b. Jusuf at-Tifasi
in
"Das Pyramidenkapitel in Al-Makrizi's 'Hitat'"
[17, Seite 87]

Der Mittelpunkt der Welt: Die sogenannte "Chefren"-Pyramide

Paul H. Krannich

Teufelswerk

- Die irren Lichtspiele der Götter –

Ein Sachbuch über exakte Naturwissenschaft in der Steinzeit

Books on Demand

Teufelswerk

–

Die irren Lichtspiele der Götter

Inhaltsverzeichnis

Teufelswerk
–
Die irren Lichtspiele der Götter

Irre!

Von wegen: "Die spinnen, die Römer"[1].

Die ganz alten Ägypter waren viel schlimmer.
Die waren irre.

Wahnsinnige!

Die spielten mit tonnenschweren Bauklötzen, wie unsereiner mit Lego. Sie verehrten Götter, die Tierköpfe hatten und urigen Kopfputz trugen[2]. Sie waren geometrieverliebt und mathematikbesessen. Sie trockneten ihre Leichen und toten Viecher mit Salz und wickelten sie in kilometerlange Stoffbahnen. Millionenfach.

Was sollte das?

Hatten die nichts Besseres zu tun? Hatten sie Langeweile?
Aber das ist noch lange nicht alles: Sie bauten sogar Licht in die angeblichen "Grabmäler" ihrer Könige ein – Ja, Licht bauten sie in ihre Pyramiden ein. Wenn das keine Dekadenz ist …

Wozu?

---

[1]   [1]
[2]   [2]

Vielleicht damit die Pharaonen in ihrer Gruft besser lesen konnten? Schätzungsweise deshalb waren die Wände von einigen dieser Bauwerke von oben bis unten mit Bildern und Texten bemalt. Mit so einem Comic kann man sich schon die Zeit ganz gut vertreiben, wenn man Licht hat …

Und dann dieser Autor: Schreibt schon wieder ein verkapptes Geometrie-Buch. Obwohl schon das letzte keiner liest. Mathe ist gerade nicht "In".

Warum macht der das?

Warum mögen die Leute keine Geometrie, obwohl sie tausendmal spannender ist, als jeder flachbrüstige Krimi?
Es ist doch schade um die Zeit, die Arbeit, das Herzblut und das Geld, die der da reinsteckt. Und dann kegelt er auch noch alles durcheinander: Prometheus war doch ein Grieche und kein alter Ägypter. Dieser Krannich ist bestimmt schon genau so irre, wie die alten Ägypter, mit denen er sich andauernd rumstreitet.

Wir werden sehen …

Prometheus

Prometheus stahl den Göttern das Feuer und brachte es den Menschen …
Soweit die Legende[3].
Was ist dran, an diesem Bericht?

Prometheus war der Sohn des Riesen[4] Iapetus. Seine Mutter war die Klymene. Er hatte drei Brüder: Atlas – das ist der, der später dazu verdonnert wurde, den Himmel zu tragen – Epimetheus und Menoitios. Das sind durchaus beachtenswerte Familienverhältnisse.

---

[3]   [3]
[4]   Hier gemeint: Titan

Prometheus soll unter anderem die Menschen aus Lehm geformt und den Götterfürsten Zeus um seine Opfergaben betrogen haben. Verständlicherweise war Obergott Zeus daraufhin stocksauer und bestrafte Prometheus, indem er den Menschen das Feuer vorenthielt.

Daraufhin entwendete Prometheus den Göttern das Feuer – man könnte auch sagen: er klaute es – und brachte es den Menschen.

Wohlgemerkt den Menschen, nicht etwa nur den alten Griechen.

Feuer beinhaltet Verheerung, … Wärme und Licht. Es ist ein real existierendes Phänomen und Sinnbild für alles Mögliche: Liebe, Hass, Krieg, Wohlbehagen, … und so weiter und so fort. Mithilfe des Feuers wurden die Menschen befähigt Handwerk zu betreiben und sich den Künsten zu widmen.

Zur Strafe für den Diebstahl wurde Prometheus an eine Felswand im Kaukasusgebirge geschmiedet. Dort fraß ein Adler täglich einen Teil seiner Leber, die des Nächtens wieder nachwuchs. Tag für Tag. Jahrelang. Jahrhundertelang? Eine grauenhafte, grässliche Strafe. Folter vom Feinsten – sozusagen.

Glücklicherweise hatte Götterchef Zeus irgendwann ein Einsehen – und erlaubte inoffiziell die Befreiung des Prometheus. Herakles, der griechische Held, startete ein Special-Force-Kommandounternehmen und tötete den Adler... [5]

Lange Rede kurzer Sinn: In Sagen und Legenden wird Prometheus sehr unterschiedlich dargestellt – einerseits als aufmüpfiger Frevler, andererseits als wohltätiger Schöpfer. Derart zwiegespalten geistert er noch heute durch Denken und Literatur – als Inbegriff für Selbstbewusstsein, eigenständiges Denken und Handeln.
Treffender: Er war und ist ein Sinnbild für Rebellentum in jedweder Hinsicht.

Kommt ihnen das irgendwie bekannt vor, lieber Leser? Vielleicht aus dem Henoch-Buch? Vielleicht aus anderen Sagen, Legenden und

---

[5]   [3, Seite 453]

Heiligen Berichten? Oder aus anderen Teilen der Welt? Amerika beispielsweise? Oder Tibet? Hatte Luzifer – der Lichtbringer[6] – irgendetwas mit Prometheus zu tun?

Egal.
Im Moment jedenfalls.
Fakt ist, dass Prometheus auch in Ägypten zwischengelandet sein muss. Das Feuer, inklusive Licht, ist auch dort angekommen. In uralter Zeit.
Und bei den Galliern im Nordwesten Frankreichs. Sie wissen schon: Ganz in der Nähe eines kleinen gallischen Dörfchens mit weltberühmten Einwohnern, die doch tatsächlich der Meinung waren, die Römer würden spinnen[7].
Und in Mittelamerika.
Und anderswo.

Wieso?
Das werde ich Ihnen sofort erklären. Anhand von Mathematik und Geometrie aus der Steinzeit.
Wie sonst?
Unschlagbar. Unwiderlegbar. Unglaublich.
Kinderleicht.
Und einfach brillant.
(Jedenfalls, nachdem man herausgefunden hat, wie es geht.)

Chronologie einer Entdeckung

Gestatten sie mir jedoch, bevor wir zum eigentlichen Inhalt dieses Buches kommen, noch einen Abstecher in südlichere Gefilde. Ich will kurz schildern, wie das Ganze zustande kam. Den einen oder anderen Leser mag es vielleicht interessieren, wie man auf derart simple

---

[6]   [4]
[7]   [1]

Gedanken kommt, dass sie jedem vernünftigen Menschen als völlig irre erscheinen müssen.

Vom 16. bis zum 19. September diesen Jahres fand das 25. jährliche Ein-Tages-Treffen[8] der Forschungsgesellschaft für Archäologie, Astronautik und SETI[9] statt. Ein Großteil aller Durchgeknallten, Verrückten und Spinner, die von Besuchen außerirdischer Götter in grauer Vorzeit überzeugt sind, trafen sich diesmal in dem idyllischen Örtchen Beatenberg, in der Schweiz. Da durfte ich natürlich nicht fehlen.

Ich setzte mich also in meinen klapprigen Suzuki Santana und tuckelte gen Südwesten. Ewig. Bei echtem Schlechtwetter und allen sonstigen Widrigkeiten. Dass ich die Schweiz erreicht hatte, merkte ich erst, als ich schon längst drin war. Es war mittlerweile Nacht geworden und Dauerregen wehte in dicken Schwaden quer über die Straßen. Zu sehen war kaum etwas. Die Dame, die mir normalerweise mit ihrer freundlichen Stimme zuverlässig den Weg wies, ging mir mit ihrem andauernden "Bitte wenden" echt auf den Keks. Etwa eine Stunde nachdem ich das Navi total entnervt abgestellt hatte, war ich wieder auf der richtigen Strecke. Von da ab vertrugen wir uns wieder. Ein Umleitungsschild und ein paar Baustellen hatten uns beide völlig aus dem Konzept gebracht. Die Regenfahrt ging von nun an zielstrebig weiter. Trocken war es nur in den Tunneln, die häufig durchquert werden mussten. Das Land scheint in einigen Gegenden einer Kreuzung aus dem Universum und dem Nationalkäse nachempfunden zu sein, dem es seinen Namen verdankt. Ein schwarzes Loch nach dem anderen.

Nach 12 Stunden Fahrt hatte ich die Nase endgültig voll. Ein paar Stunden Schlaf im Auto und dann ging's weiter. Bei Regen und schlechter Sicht. Wie sonst?

Mit der Zeit wurden die Straßen immer enger und kurvenreicher, die Hügel immer hügeliger. Man konnte sie schon fast Berge nennen. Irgendwann neigte sich die Reise dann doch ihrem Ende entgegen. Die vorletzte Höhe war erklommen. Der Himmel öffnete sich – und die

---

[8]   auf gut Deutsch: One-Day-Meeting: Abkürzung: ODM
[9]   Forschungsgesellschaft für Archäologie, Astronautik und SETI :
        Abkürzung: AAS, siehe auch www.sagenhaftezeiten.com

Sonne brach durch die Wolken. Der Brienzer See glitzerte schräg unter mir im Sonnenschein. Wie eine Mischung aus Saphiren, Smaragden und Diamanten. Die gerade erst vom Regen sauber gespülten Häuschen, die rings um den See die Berghänge hinaufklettern, leuchteten wie frisch gestrichen. Urstige graue Wolkenfetzen gaben nach und nach den Blick auf die umliegenden Berge frei. Es sah aus wie im Märchenland.

Nun noch quer durch das hübsche, quirlige Städtchen Interlaken, vorbei am Thuner See und den allerletzten Hügel hinauf. Oha. Dann war ich da. In Beatenberg. In der Schweiz.

Erich von Däniken lebt, wohnt und arbeitet dort, wenn er nicht gerade unterwegs ist. Er nennt Beatenberg den "schönsten Ort der Welt", wie er oft sagt. Es besteht durchaus die Möglichkeit, dass er Recht hat. Jedenfalls bei schönem Wetter …

Das Ein-Tages-Treffen war diesmal für drei Tage angesetzt. Genau wie es sich für ein ordentliches Ein-Tages-Treffen gehört.

Am Donnerstag war Anreisetag. Die Teilnehmer trudelten langsam – einer nach dem anderen – im Tagungshotel, dem extravaganten Dorinth-Hotel Bluemlisalp ein. Ganz am hintersten Ende von Beatenberg. Nachmittags wurden dann organisatorische Dinge erledigt, wie Zimmerbelegung, Ticketverkauf und Ablaufinformation. Danach war noch eine gemächliche Rundwanderung auf dem Erich-von-  Däniken-Weg angesagt und wurde planmäßig durchgeführt. Nach der langen Fahrt war das angenehm entspannend.

Abb.3 u. 4:
Ankunft im Berner Oberland: Die Sonne bricht sich Bahn

Abb. 4 u. 5:
AAS-ODM-Tagungsort: Beatenberg, bei Interlaken in der Schweiz

Nach der Rückkehr zum Tagungshotel gab es Abendessen und danach wurden mit Freunden und Bekannten die neuesten Neuigkeiten ausgetauscht.

Den Großteil des Freitags verbrachten wir im Mystery-Park Interlaken, der neuerdings offiziell Jungfrau-Park heißt. Es ist schon gewaltig, was dort aufgebaut wurde – und durchaus sehens- und erlebenswert. Auch mehrmals. Man lernt dort die großen geschichtlichen Rätsel der Menschheit kennen. Sie werden den Besuchern in diversen Shows näher gebracht, doch auch die Rahmen- und Begleitprogramme sind beachtenswert. Daneben ist für das leibliche Wohlergehen gesorgt und auch die Kleinen haben keine Langeweile. Es ist wirklich zu schade, dass zu wenige Besucher den Weg in diesen großartigen Park finden und er sich deshalb seit einigen Jahren in betriebswirtschaftlichen Nöten befindet. Wer den Mystery-Park nicht gesehen hat, hat echt was verpasst.

Nachdem wir am Abend mit dem Shuttle-Bus wieder heil in Beatenberg angekommen waren, gab es Abendessen, eine Filmvorführung über die weltweit aktuellsten Erkenntnisse der Paläo-SETI-Forschung und danach wieder persönliche Gesprächsrunden. Diese dienen nicht nur dem Austausch von Nettigkeiten, persönlichen Erfahrungen und neuestem Wissen. Nein. Man lernt auch viele neue Leute kennen und erhält so manche nützliche Inspiration.

Am Sonnabend fand das eigentliche One-Day-Meeting statt. Zwölf interessante, themenspezifische Vorträge – jeder eine knappe halbe Stunde lang – wurden von zwölf Referenten gehalten. Davor, dazwischen und danach wurde diskutiert und gefachsimpelt. Ein langer Tag. Aber hochinteressant.

Wer nicht dabei war, sich aber trotzdem genau informieren möchte, kann bei der AAS oder beim Ancient-Mail-Verlag den Tagungsband bestellen, der alljährlich herausgegeben wird.

Nach diesem langen, harten Vortragstag gab es abends noch ein gemütliches Beisammensein und am Sonntagmorgen reisten die meisten Veranstaltungsteilnehmer ab. Einige hängten aber noch ein paar Tage Schweiz-Urlaub hinten an. Wenn man schon mal in dieser herrlichen Gegend war, so konnte man es auch genießen. Ich fuhr noch am Sonntag nach Hause. Die Fahrt verlief wesentlich angenehmer als die Hinfahrt.

Das Wetter war herrlich, die Sicht auf die Landschaft wundervoll und die Fahrtstrecke über Basel, die ich diesmal gewählt hatte, war erheblich angenehmer als die Hin-Tour. Trotz eines Staus, Umleitung und gemächlicher Fahrt, brauchte ich zwei Stunden weniger. Da die Konzentration für das Fahren nicht übermäßig strapaziert wurde, gab es genügend Gelegenheit, sich so manchen Gedanken durch den Kopf gehen zu lassen …

Irgendwann im Frühsommer hatte ich im "Lexikon der Antike" geblättert und war zufällig auf eine Zeichnung gestoßen, die mir merkwürdig bekannt vorkam. Ich ging also der Sache auf den Grund und schrieb einen Artikel über meine Forschungen, den ich wenige Tage vor dem ODM an die Redaktion der AAS-Zeitschrift "Sagenhafte Zeiten" schickte. Der annähernde Wortlaut des Artikels ist in den nächsten Kapiteln dargelegt.

In Beatenberg kam es zu einigen kurzen Gesprächen über das Artikelthema. Auch lernte ich jemanden kennen, der mir vielleicht weiter helfen und sich der Sache annehmen wollte. Das Artikel-Thema spukte also noch in meinem Kopf herum und köchelte dort vor sich hin. Auf der Rückfahrt kamen mir so einige neue Gedanken dazu in den Sinn. Und in den ersten paar Tagen nach dem Schweizer Treffen formulierte ich sie aus und schrieb sie auf. Irgendetwas fehlte aber noch.

Der Zufall wollte es, dass Erich von Däniken zwei Wochen nach Beatenberg, in erreichbarer Nähe meiner Wohnstatt, einen Vortrag hielt: "Däniken total".

Ich ging hin und er lud mich nach dem Vortrag zum Essen ein, was ich selbstverständlich dankend annahm. Soetwas passiert ja nicht alle Tage. Das bot mir die einmalige Gelegenheit, direkt und ungestört mit ihm über meine Gedanken zu sprechen. Das brachte zwar nicht im selben Moment weitere Ergebnisse, doch noch in der Nacht nach dem Vortrag machte es wieder einmal "Klick" in meinem Gehirnskasten und der Rest der Rätsellösung war gefunden. Am Folgetag rechnete ich alles nochmal durch. Tatsächlich war ein weiteres gewichtiges Rätsel unserer Vorfahren geknackt. Worum es dabei genau geht, erfahren Sie – Lieber Leser – im weiteren Verlauf dieses Buches.

Abb. 6: *Das Tagungshotel Bluemlisalp, hoch über dem Thuner See*
Abb. 7: *Die zentrale Globuskuppel des Jungfrau-Mysterie-Parks*

Abb. 8 u. 9: *Modell und Original des Mysterieparks in Interlaken*

Snellius, Ptolemaios, Katoptrik und die Pyramiden

Der Name Snellius ist heutzutage nicht sehr vielen Zeitgenossen auf Anhieb geläufig. Auch ich stieß nur per Zufall auf ihn, als ich im "Lexikon der Antike"[10] auf eine kleine, aber durchaus bemerkenswerte Entdeckung stieß, diese im Nachgang ein wenig gründlicher recherchierte und im "Selbstversuch" überprüfte.

Snellius ist das Pseudonym des niederländischen Mathematikers und Astronomen Willebrord van Roijen Snell, der unter diesem Namen seine Veröffentlichungen publizierte.

Snellius wurde[11] im Jahr 1580 in Leiden, Niederlande, geboren – und starb im Jahre 1626 am selben Ort. In der Zwischenzeit erwies er sich jedoch als umtriebiger Wissenschaftler, der mehrere europäische Länder bereiste und an verschiedenen Orten wirkte. 1613 wurde er der Nachfolger seines Vaters als Professor für Mathematik an der Universität Leiden. Im Verlauf seiner wissenschaftlichen Karriere beschäftigte er sich mit vielen naturwissenschaftlichen Dingen. Darunter sind so wichtige Themen wie die Kreiszahl Pi (π), die genauere Vermessung der Erdkugel, Triangulation, Landvermessung und Optik zu finden. Heute ist Snellius hauptsächlich wegen seiner Entdeckung und Formulierung des Brechungsgesetzes bekannt. Das Snelliussche Brechungsgesetz hat nur sehr wenig mit den Folgen einer durchzechten Nacht zu tun, dafür aber desto mehr mit Optik, einem wichtigen Teilgebiet der Physik[12].

---

[10] [3; Seiten 275 f.]
[11] wahrscheinlich
[12] Wikipedia – Schlagwörter: Snellius; Snelliussches Brechungsgesetz; Ptolemaios; Giseh

Das Snelliussche Brechungsgesetz lautet:

"Geht Licht von einem optischen Medium in ein anderes über, so ändert sich an der Grenzfläche beider Medien im Allgemeinen seine Geschwindigkeit und damit seine Richtung. Einfallender Strahl, Einfallslot und gebrochener Strahl liegen in einer Ebene.

Der Quotient n aus dem Sinus des Einfallswinkels α und dem Sinus des Brechungswinkels β ist konstant."[13]

Oder in Formeln[14]:

$$\frac{\sin \alpha}{\sin \beta} = n = \frac{c_1}{c_2} = \frac{n_2}{n_1}$$

Soweit zu Snellius. Doch was hat das nun mit Erich von Däniken, der Schweiz, der Antike und vor allem mit den Pyramiden zu tun? Mit einiger Wahrscheinlichkeit hat Willebrord van Roijen Snell niemals eines der echten alten Bauwerke zu Gesicht bekommen und hatte wohl auch sonst nicht viel damit zu schaffen.

ABER: Beim ziellosen Stöbern im "Lexikon der Antike"[15] fand ich unter dem Schlagwort "Katoptrik" nebenstehende **Abbildung 11**:

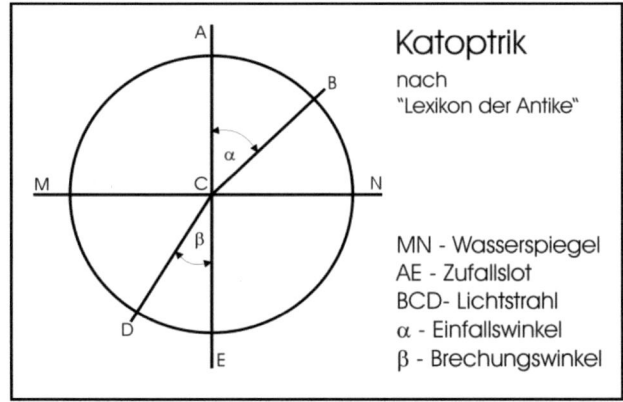

Katoptrik
nach
"Lexikon der Antike"

MN - Wasserspiegel
AE - Zufallslot
BCD - Lichtstrahl
α - Einfallswinkel
β - Brechungswinkel

---

[13]   [14]

[14] c_1 und c_2 entsprechen dabei den Ausbreitungsgeschwindigkeiten des Lichtes in den unterschiedlichen Medien [Stoffen] – z.Bsp.: c_1 = Lichtgeschwindigkeit in Luft; c_2 = Lichtgeschwindigkeit in Wasser, … usw. Der Quotient n wird Brechzahl genannt.)

[15]   [3; Seiten 275 f.]

Im selben Augenblick machte es bei mir Klick: Das kennst du doch!?!

Im Begleittext des "Lexikons der Antike" war dazu u.a. folgendes zu lesen:

"KATOPTRIK: [griech., Lehre von den Spiegeln und der Reflexion]. Die Katoptrik ging aus dem praktischen Gebrauch von Metallspiegeln und der empirischen Kenntnis des schon vor Aristoteles ermittelten Reflexionsgesetzes hervor …
…
[Euklid … Apollonios von Perge … Diokles … Archimedes … Heron]
…
Dagegen hat Ptolemaios die Brechungswinkel zwischen Luft und Wasser, Luft und Glas sowie Wasser und Glas bei Einfallswinkeln von 0° bis 80° genau gemessen. Ein Brechungsgesetz als funktionale Beziehung zwischen Einfalls- und Brechungswinkel konnte er jedoch daraus nicht ableiten. …
Erst im 17. Jahrhundert fand Willebrord Snell das Brechungsgesetz …"

Nun war der Name Ptolemaios in der Antike so ungefähr dasselbe wie heute Müller, Meier oder Schulze – d.h. recht häufig. Gemeint ist hier allem Anschein nach der berühmte griechische Astronom, Geograph, Philosoph und Mathematiker Claudios Ptolemaios, der im 2. nach-christlichen Jahrhundert in Ägypten lebte. Ihm hatte die Menschheit wohl auch über 1300 Jahre lang ein falsches geozentrisches Weltbild zu verdanken. Interessant ist, dass er als Bibliothekar in der weltbekannten antiken Bibliothek von Alexandria (Ägypten) arbeitete, wodurch er fast uneingeschränkten Zugang zu uraltem Wissen hatte. Davon hat er wohl auch rege Gebrauch gemacht, aber vielleicht nicht alles völlig richtig verstanden.

In der Antike beschäftigte sich demnach so ziemlich jeder große Geist mit der Brechung des Lichts. Ja, es waren sogar schon einige Gesetz-mäßigkeiten bekannt. Das weckte im Zusammenhang mit der Katoptrik-Abbildung meine paläosetische Neugier: Wurden diese Gesetzmäßig-

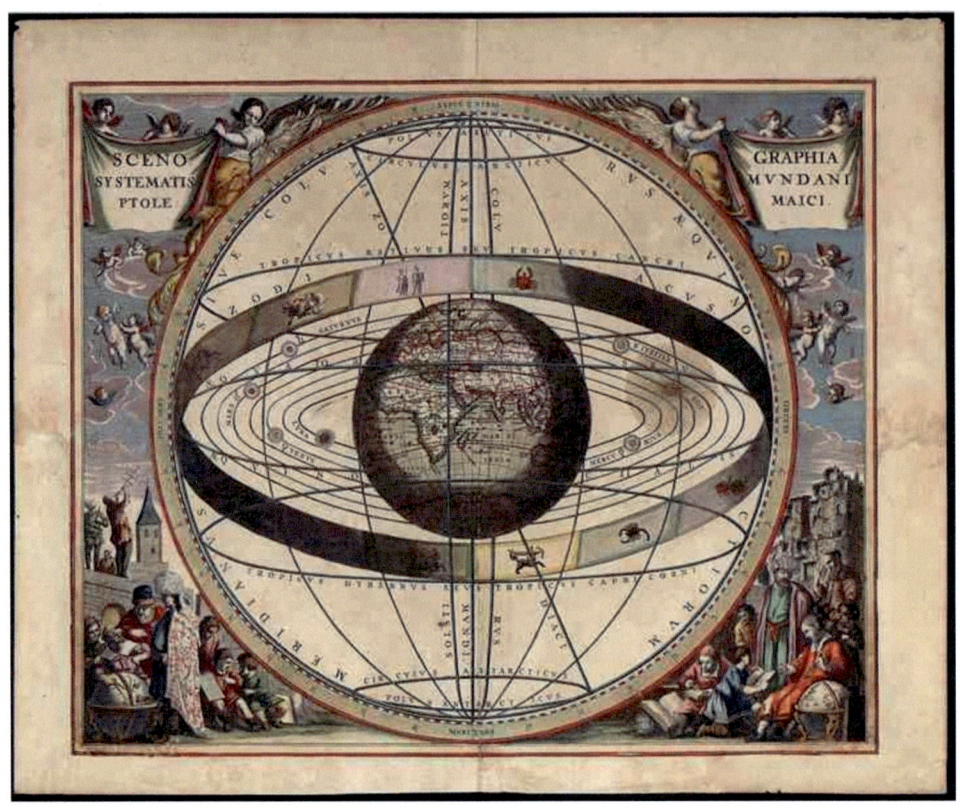

Abb. 12: *Weltbild des Ptolemaios nach A. C. H. Macrocosmica (1660/61)*

keiten tatsächlich erst in der griechischen Antike erforscht? Oder waren sie schon lange zuvor bekannt?

Die Katoptrik-Abbildung war mir nämlich seit mehreren Jahren bekannt. Ich hatte sie schon selbst mit dem Computer erstellt. Allerdings mit anderen Bezeichnungen und ohne bis dahin jemals auch nur etwas von "Katoptrik" geahnt, geschweige denn, gehört oder gelesen zu haben.
Und der Zusammenhang mit Lichtbrechung und physikalischer Optik war mir bis dahin ebenfalls völlig entgangen. Allen anderen Planetenmitbewohnern anscheinend auch. Somit erzwang das Thema "Katoptrik" seine weitere Untersuchung wieder einmal selbst.

Die Überprüfung der Pyramiden-Katoptrik

Die erste Tat nach dieser phänomenalen Feststellung war ein Blick in den "Wissensspeicher Physik"[16]. Auf Seite 245 war dort prinzipiell dieselbe Abbildung zu finden. Auch hier waren die Bezeichnungen wieder ein wenig anders. Doch das tat der Sache keinen Abbruch. Im Gegenteil, es stachelte den Forschertrieb weiter an.

Als Nächstes wurden die selbstgefertigten Bilder aus der Festplatte hervorgekramt, die ich seinerzeit beim Schreiben von "Henochs Uhr"[17] erstellt hatte. Da war zum Einen die nach Dr. Jelitto[18] angefertigte Skizze (**Abb. 13**) des Giseh-Pyramiden-Komplexes mit Maßen – und zum Zweiten eine Hilfsskizze zur Erforschung des Dendera-Himmelsreliefs (**Abb. 14**), die bisher nur auf Transparent-Folie existierte.

Letztere war auch diejenige Darstellung, die aufgrund ihrer simplen Schlichtheit die größte Ähnlichkeit mit dem Katoptrik-Bild hatte (**Abb. 11**). Als nächstes wurden beide Abbildungen mit einem Satellitenfoto der Giseh-Pyramiden (**Abb. 15**) verglichen. Die Ähnlichkeiten waren auffallend, wobei jedoch auch kleine Unterschiede bemerkbar waren. Das konnte aber jeweils an der bildlichen Darstellung liegen. Beispielsweise sind Luftaufnahmen immer ein wenig verzerrt und die Abbildungen 13 und 14 waren auch nicht hundertprozentig maßstabsgerecht.

Somit stellte sich die Frage, ob auch tatsächlich derselbe Sachverhalt dargestellt war bzw. sein könnte. Um diese Frage mit größtmöglicher Sicherheit beantworten zu können, blieb nur Eines: Rechnen.

Das war jedoch nicht allzu schwierig. Zuerst wurden die Giseh-Pyramiden überprüft. Die Daten waren ja bekannt[19], und wie es gemacht werden musste, zeigte das obige Snelliussche Brechungsgesetz.

---

[16]   [14; Seite 245]
[17]   [9]
[18]   [7]
[19]   [7]; [9]

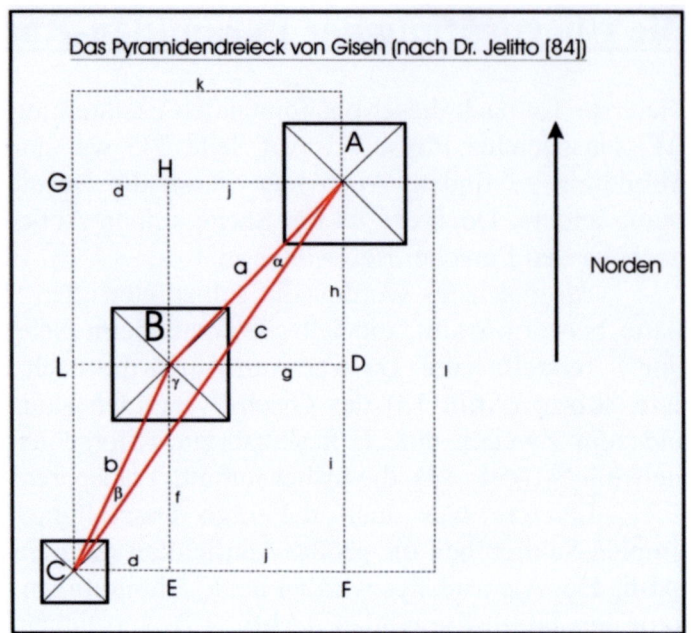

Das Pyramidendreieck von Giseh (nach Dr. Jelitto [84])

Abb 13 u. 14:
Beide Skizzen sind nicht maßstabsgerecht, und daher unterschiedlich

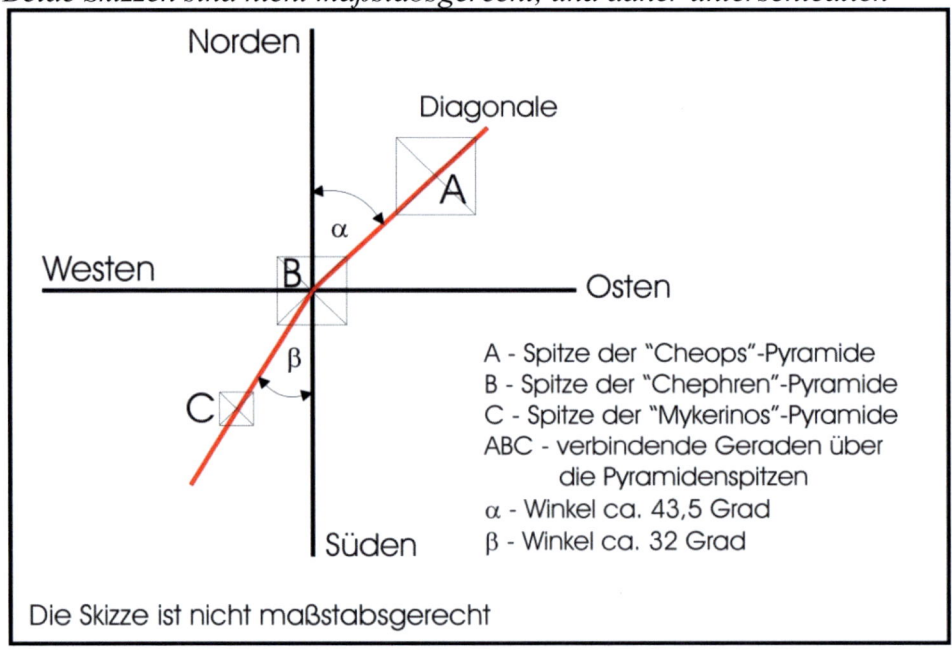

A - Spitze der "Cheops"-Pyramide
B - Spitze der "Chephren"-Pyramide
C - Spitze der "Mykerinos"-Pyramide
ABC - verbindende Geraden über
        die Pyramidenspitzen
α - Winkel ca. 43,5 Grad
β - Winkel ca. 32 Grad

Die Skizze ist nicht maßstabsgerecht

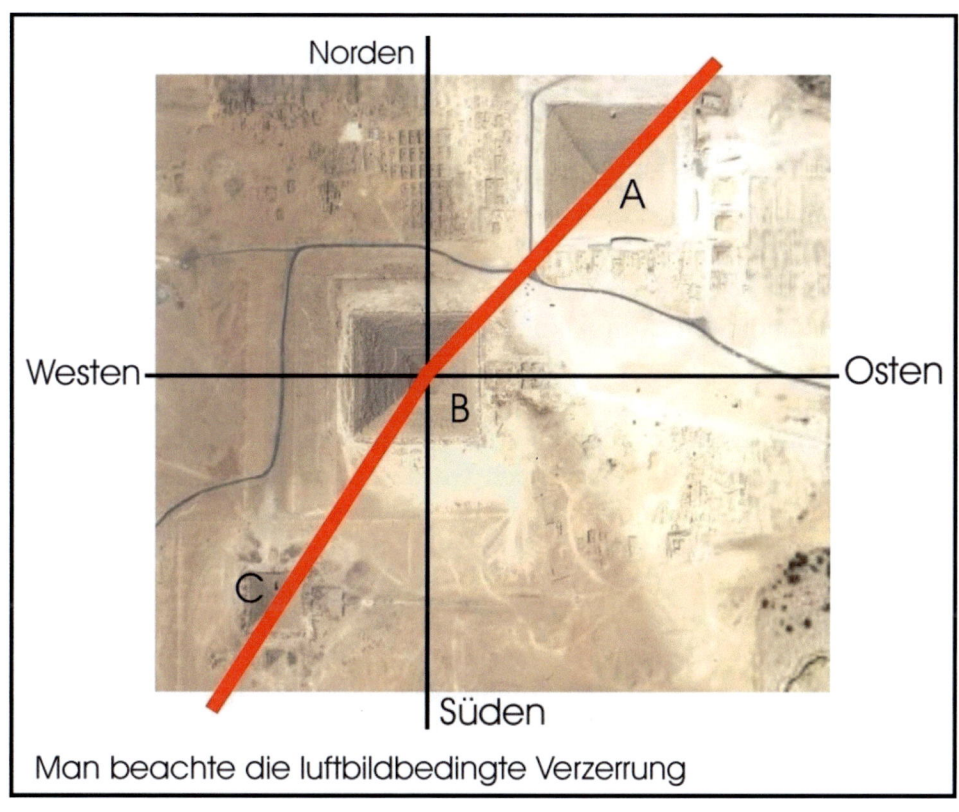

Norden

Westen ——— Osten

A

B

C

Süden

Man beachte die luftbildbedingte Verzerrung

Abb. 15: *Ein Giseh-Satellitenfoto "mit Katoptrik"*

Nach den Ermittlungen Dr. Jelittos beträgt der (Einfalls-)Winkel Alpha (α) bei den Giseh-Pyramiden rund 43,5 Grad[20] und der (Brechungs-) Winkel Beta (β) knapp 32 Grad[21]. Demzufolge beträgt der Sinus von α = 0,6868479 und der Sinus von β = 0,5287387.

Teilt man beide Sinusse durch einander, erhält man die dimensionslose Brechzahl n = 1,2990309. Der reziproke Wert der Brechzahl n beträgt 1/n = 0,7698047.

---

[20]   Einfallswinkel α beträgt rund 43,5 Grad: α = 43° 22' 52" = 43,381111°
[21]   Brechungswinkel β beträgt knapp 32 Grad: β = 31° 55' 13" = 31,920278°.

Doch wie sieht es nun mit dem Licht aus? Hierfür vermeldete der "Wissensspeicher Physik"[22] verschiedene Lichtgeschwindigkeiten für verschiedene Medien (Stoffe).

Ein Auszug:

Lichtgeschwindigkeit c_V im Vakuum = 299.792 km/s
Lichtgeschwindigkeit c_L in Luft = 299.711 km/s
Lichtgeschwindigkeit c_W in Wasser = 225.350 km/s
Lichtgeschwindigkeit c_A in Alkohol = 220.380 km/s

...   ...

Um nicht alles einzeln ausprobieren zu müssen, wurde das Verfahren leicht abgekürzt. Zu diesem Zweck wurden die Lichtgeschwindigkeiten in Luft und im Vakuum mit dem oben errechneten "1/n" multipliziert.

c_V mal 0,7698047 = 230.781 km/s
c_L mal 0,7698047 = 230.719 km/s

Bei Luft erhält man so eine Lichtgeschwindigkeit im dazugehörigen Licht-Brechungs-Medium von 230.719 km/s. Dieser Wert kommt der Geschwindigkeit des Lichts in Wasser recht nahe – trifft den obigen Wert von 225.350 km/s[23] aber nicht genau. Die Abweichung beträgt hier 2,38 Prozent.

Also wurde nach weiteren Lichtgeschwindigkeiten gefahndet, die noch besser passen sollten. Das war gar nicht so einfach. Fündig wurde ich schließlich im Internet[24]. Dort war u.a. eine Herleitung der Lichtgeschwindigkeit in Alkohol zu finden, die mit 229.000 km/s (+/- 16.000 km/s) im Grunde genommen genau passte. Die Toleranzen waren jedoch viel zu groß. Demnach kann mit Alkohol eine Lichtgeschwindigkeit von 213.000 bis 245.000 km/s abgedeckt werden. Wie schnell genau sich das Licht durch den Alkohol bewegt, richtet sich wahrscheinlich nach der Spirituosen-Sorte und nach der Tageszeit.

---

[22]   [14; Seite 257]
[23]   [14]
[24]   [15]

Für die Giseh-Pyramiden sollte Alkohol wohl eher weniger in Betracht kommen – und das hat nichts damit zu tun, dass Ägypten heute ein islamisch orientiertes Land ist.

Wesentlich einleuchtender erscheint im Zusammenhang mit Giseh die Darstellung der Lichtbrechung beim Übergang des Lichts von Vakuum oder Luft in Wasser. Im Internet waren auch noch andere Angaben zu finden, die zwar ebenfalls passten, letztendlich jedoch nicht wirklich überzeugen konnten.

Allerdings machte mich das auf die eventuelle Lösung des Rätsels aufmerksam: Weder Alkohol, noch Wasser, noch Luft, noch Licht usw. sind in der Natur kaum jemals wirklich gleich, sondern meistens nur sehr ähnlich. Eine geringfügig andere Temperatur, ein etwas anderer Salzgehalt, eine minimale Änderung der Wellenlänge, … können ganze Welten bewegen. Deswegen werden solche und andere physikalischen Daten stets unter Standardbedingungen gemessen, um vergleichbare Werte zu erhalten. Diese Standardbedingungen werden vor der Messung festgelegt, oft sogar international.

Wenn nun die Götter, die einst die Pyramiden planten, ihre Standardbedingungen nur geringfügig anders festgelegt hatten, wäre es also sehr gut möglich und wahrscheinlich, dass mithilfe des Giseh-Komplexes - unter vielem Anderen - auch das Licht-Brechungsgesetz dargestellt wurde. Damit wäre ein weiterer deutlicher Fingerzeig gegeben, dass sowohl das Brechungsgesetz, als auch die unterschiedlichen Lichtgeschwindigkeiten in verschiedenen Medien zu Zeiten des Pyramidenbaues bereits sehr gut und genau bekannt waren; das heißt:
Jahrtausende vor Claudios Ptolemaios, Snellius und uns.

In dieselbe Richtung weist auch die in Giseh errechnete (theoretische) Brechzahl $n = 1,2990309$. Diese Zahl liegt ja sehr dicht an 1,3 - was u.a. auch an die mittelamerikanische Kalender-13 erinnert. Die 1,3 und ihre Zehnerpotenzen gehörten wohl zu den vermutlichen Lieblingszahlen der Götter, die damit anscheinend auf die Sonne aufmerksam machen wollten, deren Volumen das 1,3millionenfache des Erdvolumens beträgt[25].

Die Brechzahl n = 1,2990309 erinnert aber nicht nur an die 13 und an die Sonne. Sie erinnert auch an den Längengrad-Abstand zwischen Giseh und Teotihuacan[26] mit rund 129,975 Grad und entfernt an die Lichtgeschwindigkeit von 299.792,458 km/s. Komisch und auffällig ist das schon, aber ein richtiger Zusammenhang konnte vorerst nirgendwo aufgespürt werden.

Die Abweichung von n = 1,2990309 zu glatten 1,3 beträgt nur ganze 0,075 Prozent oder 75 Hunderttausendstel. Wenn also der Giseh-Knickwinkel der Pyramidenanordnung halbwegs korrekt ermittelt wurde, sollte von den Pyramiden-Erbauern wohl definitiv die 1,3 gemeint sein oder etwas sehr Ähnliches.

Haarscharf "daneben" ist aber auch "vorbei". Leider stehen wir bis jetzt hier wieder nur vor einem weiteren knallharten Indiz – und nicht vor einem endgültigen Beweis der Paläo-SETI-Hypothese. Um die Feinheiten sollten sich dringend Mess-Ingenieure, Geodäten und richtige Physiker kümmern. Neben den diversen Ungewissheiten bei den Lichtgeschwindigkeiten, gibt es nämlich mindestens noch einen Punkt, der unbedingt exakt überprüft werden sollte. Gemeint sind hierbei die Maße des Giseh-Komplexes, denn auch hier können kleine Ungenauigkeiten gewaltig in die Irre führen. Der gesamte Komplex muss möglichst kurzfristig noch einmal genauestens neu vermessen werden. Und zwar als Komplex – und nicht als eine Ansammlung von Einzelbauwerken.

Im weiteren Verlauf der Fehlersuche stellte sich nämlich heraus, dass die Abweichung des Giseh-"Brechungswinkels"[27] von der Lichtbrechung beim Übergang von Luft in Wasser gerademal 0,75 Grad ausmacht. Anstatt rund 31,92° Grad Brechungswinkel, sollten es demnach nur 31,17° sein. Das ist wahrlich nicht viel. Vielleicht liegt es wirklich nur an einer kleinen Ungenauigkeit bei der Vermessung des riesigen Gebäudekomplexes. Ein paar Zentimeter würden unter Umständen schon reichen.

---

[25]   [5] u.a.

[26]   [5]

[27]   31° 55' 13" = ca. 31,92° = rund 32 Grad

Der praktische Katoptrik-Versuch

Nach der Theorie kam die Praxis. Das Brechungsgesetz ist zwar ein anerkanntes physikalisches Gesetz und längst bewiesen, aber ich wollte noch wissen, welche Einflussfaktoren wirksam werden und was alles bei weiteren Untersuchungen zu beachten wäre. Außerdem wollte ich noch ein paar hübsche Fotos machen.
Wie man so etwas in Profimanier macht, ist auf Abbildung 16 zu sehen.

***Abb. 16: Ein professionelles Foto zur Lichtbrechung von Zatonyi Sàndor:** Der Brechungswinkel beträgt hier ungefähr 25 Grad. Das ist mehr als doppelt so viel wie in Giseh, wo eine mutmaßliche Licht-Brechung um nur rund 11,5 Grad dargestellt ist. Das Bild 16 zeigt also nicht die Lichtbrechung beim Übergang von Luft in Wasser, sondern wahrscheinlich den Übergang von Luft zu Glas oder einem anderen durchsichtigen Feststoff.*

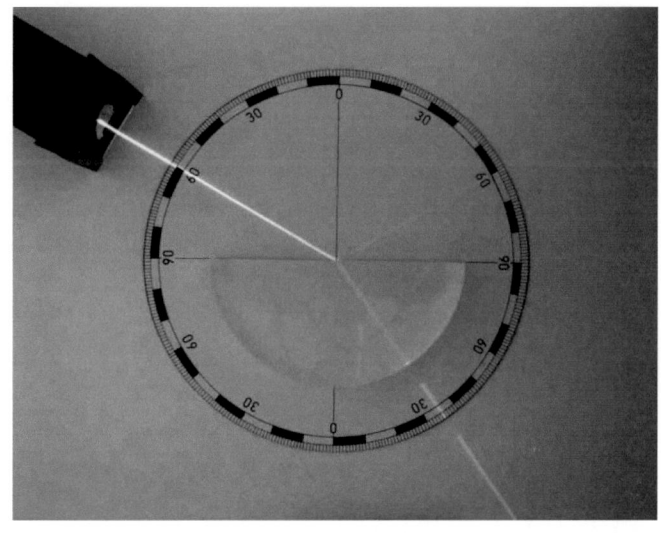

Dass so etwas für mich gegenwärtig weder zu erreichen, noch notwendig war, lag auf der Hand. Für mich würde "Hausfrauen-Qualität" vorerst vollauf genügen. Und wie gesagt: Bei der Praxis ging es zunächst mehr ums Ausprobieren und Weiterdenken, als um wissenschaftliche Genauigkeit. Dass selbst das wesentlich schwieriger war als gedacht, zeigte sich sofort nach Beginn der praktischen Versuche.

Da die Brechung des Lichts beim Übergang von Luft in Wasser untersucht werden sollte, nahm ich eine Glaskanne voll Wasser und richtete den konzentrierten Lichtstrahl eines Laserpointers von schräg oben auf die Wasserfläche. Außer einem roten Punkt auf dem Kannenboden und ein paar Reflexionen gab es da erst einmal absolut nichts zu sehen. Eine Leuchtspur im Wasser, eine Lichtbrechung oder sonst irgendwas war vorläufig nicht zu erkennen (**Abb.17**).

Aus der Not heraus steckte ich also erst einmal einen Messer-Wetzstahl in die Kanne und schaute, ob das mit der Lichtbrechung in der Glaskanne überhaupt funktionierte. Das tat es. Der Wetzstahl bekam, wie gewünscht, einen sauberen optischen Knick (**Abb. 18**).

Als nächster Schritt folgte das allseitige Anstrahlen der Wasserkanne samt ihres Inhaltes aus allen möglichen Richtungen, um zu sehen, was dabei passiert. Die gewünschte Lichtbrechung war in keiner Form zu erkennen, geschweige denn zu fotografieren. Stattdessen stellte sich heraus, dass die Glaswand der Kanne wunderbar als Lichtleiter funktionierte, ganz ähnlich einem modernen Glasfaserkabel.

Ohne, dass das auffällige rote Laserlicht irgendwo in der Kanne sichtbar wurde, trat es an verschiedenen Stellen der Kannenwand wieder aus (**Abb. 19**). Dabei umrundete ein Teil des Lichts die Kanne innerhalb der Glaswand um mehr als einen halben Kannenumfang. Das war zwar äußerst interessant, half aber in Bezug auf die Lichtbrechung nicht weiter. Der Versuchsaufbau musste geändert werden.

Als erste Änderungsmaßnahme wurde das Wasser mit ein paar Tropfen Milch eingetrübt. Dadurch wurden zwar die optischen Eigenschaften des Wassers durch die Fett-, Eiweiß- und sonstigen Moleküle der Milch drastisch verändert, der Laserstrahl war jedoch fortan bestens zu sehen (**Abb.20**). Nun musste noch die Luft ein wenig vernebelt werden. In Ermangelung von CO_2-Eis diente als Raucherzeuger eine Zigarre der Weltmarke "Candelnight" für 50 Cent. Das war eine recht anrüchige und atemluftraubende Angelegenheit – doch was erträgt man nicht alles, um der Wissenschaft zu dienen? Auch das funktionierte prima (**Abb. 21**).

Abb. 17

Abb. 18

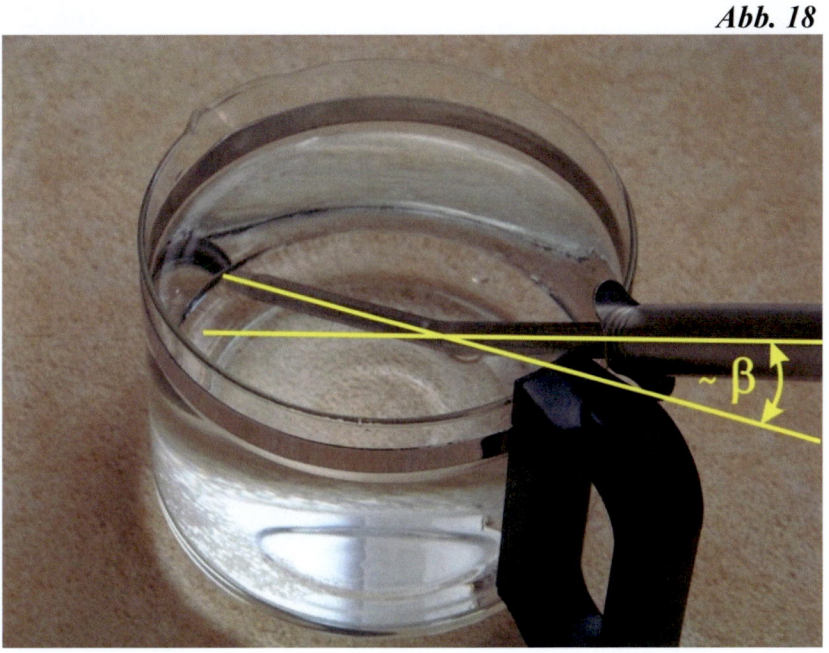

33

Abb. 19

Abb. 20

34

Nur beides zusammen brachte kein sehr eindrucksvolles Ergebnis hervor. Ein Laserstrahl, der gleichzeitig Zigarrenqualm und Wassermilch durchdringt, ist danach nicht mehr sehr fotogen. Im Verlaufe der wieteren Tests stellte sich heraus, dass rotes Licht viel weniger gebrochen wird, als andersfarbiges Licht. Dies scheint insbesondere bei Laserlicht der Fall zu sein, welches Wasser fast geradlinig durchläuft. Ein Blick in die Physikbücher brachte schnell Klarheit: Licht mit großer Wellenlänge (Rot) wird weniger gebrochen als andersfarbiges Licht mit kleinerer Wellenlänge. Das bedeutet, dass man nur die Lichtfarbe bzw. die Lichtzusammensetzung entsprechend ändern muss, um auf eine der gewünschten Lichtgeschwindigkeiten von 230.719 (Luft/Wasser) oder 230.781 km/s (Vakuum/Wasser), den richtigen Brechungswinkel, und damit auf den exakten Pyramidenknick von Giseh, zu kommen. Oder anders ausgedrückt: Es liegt extrem nahe, dass in Giseh u.v.a. das Wissen der Götter um die Lichtgeschwindigkeit und ihre Gesetze dargestellt wurde.

Vielleicht verbirgt sich hinter dem Knick im Giseh-Pyramiden-Grundriss aber noch etwas ganz Anderes? Vielleicht ist darin ja ein Hinweis auf den Heimatstern der außerirdischen Götter versteckt?

Immerhin werden Sterne ja auch nach ihrer Spektralklasse – also nach ihrer Lichtfarbe und Lichtzusammensetzung – geordnet und klassifiziert. Es wäre also gut möglich, dass durch den in Giseh eingebauten Brechungswinkel auf eine ganz bestimmte Lichtsorte hingewiesen wird, die wiederum zu einem ganz bestimmten Stern gehört. Dort sollten wir dann anfangen nach den Göttern zu suchen ...

Da mir bisher keine geeignete Lichtquelle anderer Farbe zur Verfügung stand, sah ich mich "genötigt" für diesen Textabschnitt ein wenig zu Tricksen. Abbildung 22 (ausschließlich Abb. 22!) ist aus diesem Grunde eine Fotomontage, die aus zwei Fotografien zusammengesetzt wurde. Sie wurde mit Absicht nicht sehr gründlich ausgearbeitet, denn sie soll ja als eine plumpe "Fälschung" erkennbar bleiben.

Im Gegenzug illustriert sie wunderbar die geistige und physikalische Nähe des Licht-Brechungsgesetzes zur Anordnung der Giseh-Pyramiden (Abb. 22).

Abb. 21

Abb. 22

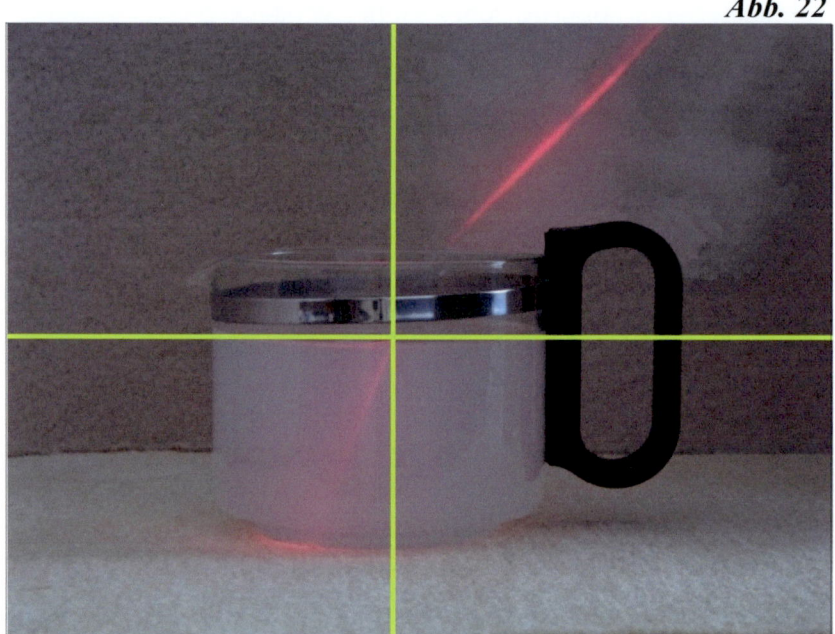

Interessant wäre es – nach all den aufgetretenen Schwierigkeiten – die genauen Versuchsaufbauten von Claudios Ptolemaios und Willebrord Snellius zu untersuchen und nachzuvollziehen. Wie haben die Beiden die auftretenden Probleme gelöst? Zumindest Ptolemaios standen, nach konventionellem Wissen, weder Laserlicht, noch dicke Zigarren zur Verfügung. Wie hat er also Lichtbrechungswinkel exakt gemessen? Vielleicht ergibt sich ja zukünftig die Gelegenheit, diesen "Mysterien" gründlich auf den Grund zu gehen. Dumm waren sie ja nicht, unsere antiken Ahnen.

All das Geschilderte fand – wie gesagt – vor dem ODM in Beatenberg statt. Dort traf ich nun einen qualifizierten Tontechniker, der sich mit Wellenlängen und Frequenzen besser auskennt als unsereiner. Auch steht ihm ein besseres Equipment zur Verfügung, um solche Untersuchungen ein wenig exakter durchführen zu können. Bis jetzt wurden allerdings leider noch keine brauchbaren Ergebnisse erzielt. Das wird wohl auch noch eine Weile dauern. Es ist nicht ganz so einfach, wie man denken könnte …

Heimfahrt-Gedanken

Auf der Rückfahrt von Beatenberg nach Hause gingen mir ganz andere Gedanken durch den Kopf. Sie hatten zwar mit genau demselben Thema zu tun, näherten sich ihm aber von einer gänzlich anderen Seite. Man muss schon ein wenig beknackt oder gar irre sein, um sich mit solchen Überlegungen die Fahrt-Zeit zu verkürzen. Erschrecken Sie bitte nicht darüber, wie einfach und primitiv ausgefeilte Naturwissenschaft, respektive Mathematik, sein kann. Die Gedankengänge werden Ihnen zunächst reichlich albern vorkommen. Dümmlich, primitiv, überflüssig.

     Doch das sind sie ganz und gar nicht!

Auf diesen scheinbaren Banalitäten basiert die gesamte menschliche Kultur – Von ihren allerersten Anfängen, bis heute.

Abb. 23 und 24: *Heimfahrtimpressionen wie Postkarten*

Stellen Sie sich bitte eine Strecke vor, wie Sie sie aus dem Geometrie-Unterricht kennen – Eine Gerade mit einem Anfangs- und einem Endpunkt **(Abb.25)**. Wie lang diese Strecke tatsächlich ist, spielt erst einmal keine Rolle. Ob sie nun fünf 5 Zentimeter, zwanzigeinhalb Kilometer oder sonstwie lang ist, ist völlig gleichgültig. Wir schreiben unserer Strecke eine Länge und einen Wert von Eins zu – und machen sie somit zur Einheitsstrecke. Man kann auch sagen, wir definieren sie so.

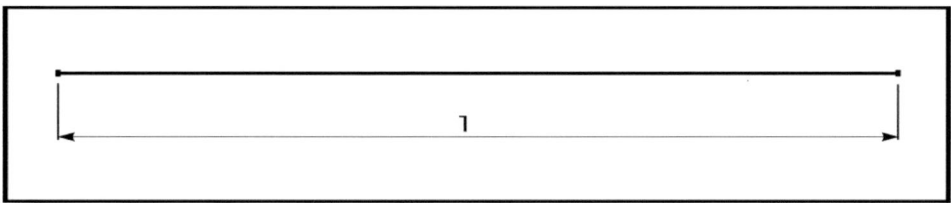

***Abb. 25:** Die Einheitsstrecke*

Sie kennen diese Vorgehensweise vielleicht noch aus dem Mathematik-Unterricht, als es um Winkelfunktionen[28] ging. Dort spielte oft ein sogenannter Einheitskreis die Hauptrolle, dessen Radius als Einheit 1 festgelegt war. Hier ist das ein klein wenig anders, weil nicht der Radius, sondern der Durchmesser (also der doppelte Radius) als Einheit definiert wird. Vielleicht ist deshalb noch keiner bezüglich der Pyramiden auf diese Gedanken gekommen?

Wir haben jetzt also eine Einheitsstrecke.
Damit die sich nicht so einsam fühlt, nehmen wir uns noch einmal so eine Einheitsstrecke her, die jetzt allerdings genau dieselbe Länge haben muss, wie die Erste.

Beide Strecken lassen wir sich mittig und rechtwinklig kreuzen. Jede der beiden Strecken hat eine Länge und einen Wert von 1.
Eins plus Eins ergibt Zwei **(Abb. 26)**.

Beide Strecken halbieren sich gegenseitig. Dadurch entstehen insgesamt 4 Teilstrecken: Die vier Arme des "Einheitskreuzes". Jeder Arm hat eine Länge und einen Rechenwert von 0,5.

---

[28]   Winkelfunktionen: Sinus, Cosinus, Tangens, Kotangens, …

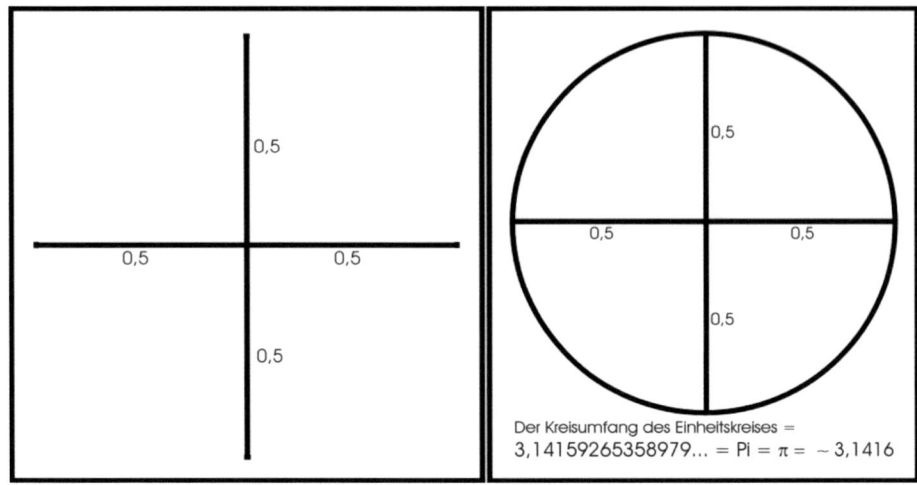

Abb. 26: *Vier mal ein Halbes*
ergibt ebenfalls zwei Ganze.

Abb. 27: *Der Einheitskreis*

Nun stechen wir mit einem Zirkel in den Schnittpunkt[29] der beiden
Strecken und schlagen einen Kreisbogen um alle vier Endpunkte der
beiden Strecken **(Abb.27)**

Der Umfang jedes Kreises berechnet sich durch die Multiplikation des Durchmessers mit der Kreiszahl Pi. Die Zahl Pi lautet
3,14159265358979…. usw.

Pi ist eine irre, eine irrationale Zahl. Das heißt, sie hat hinter dem
Komma kein Ende und geht unendlich weiter, ohne sich irgendwo zu
wiederholen. Gleichzeitig ist sie wohl die konstanteste Konstante, die wir
im ganzen Universum kennen. Sie bleibt also immer gleich – und mit ihr
auch das Verhältnis von Durchmesser und Umfang jedes Kreises. Dieses
Verhältnis ist immer 1 zu 3,1415927… usw. Eins geteilt durch Pi ergibt
0,3183098… usw.

Um nicht jedes Mal eine Menge Nachkommastellen aufzuzählen
und überflüssige Punkte machen zu müssen, erlaube ich mir, die Zahl Pi
auf 3,1416 zu runden. Das haben schon die alten Ägypter so gemacht.

---

[29]   Schnittpunkt => in die Mitte des Kreuzes

Es ist sinnvoll. Warum sollten wir es dann nicht auch tun? Der aufmerksame Leser weiß jedoch, dass die Zahl Pi erheblich länger ist und auch viele der folgenden Berechnungen mit einer längeren Version von Pi durchgeführt wurden.

Da unsere beiden Einheitsstrecken jeweils eine Länge von 1 haben, sie dem Durchmesser unseres Einheitskreises entsprechen und der Kreisumfang gleich dem Produkt aus Durchmesser und der Zahl Pi ist, beträgt der Kreisumfang genau die Länge von Pi, also 3,14159... usw.

$$(1 \times Pi = Pi)$$

Der Kreisumfang unseres Einheitskreises hat also eine Länge von 3,1416 und entspricht somit einem Zahlenwert von ebenfalls 3,1416.

Als nächsten Schritt nehmen wir drei ganze Einheitsstrecken und halbieren sie zu sechs halben Einheitslängen (Sechs x 0,5 = Drei).
Wir gehen damit zu einem Endpunkt unseres "Einheitskreuzes" und zeichnen von dort aus ein perfektes regelmäßiges Sechseck in unseren Einheitskreis hinein. Der Umfang des Sechsecks entspricht der Zahl Drei – in Länge und Wert **(Abb.28)**.
Gleichzeitig erhalten wir die Zahl Vier, wenn wir die Drei des Sechseck-

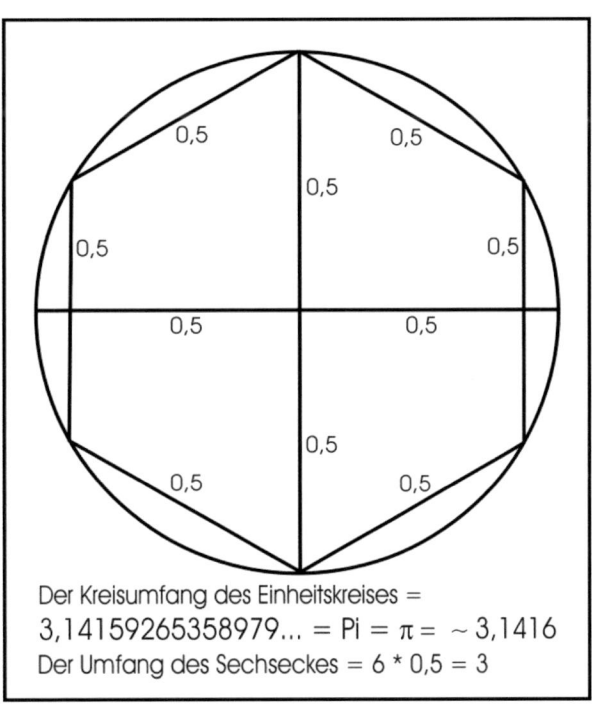

Der Kreisumfang des Einheitskreises =
3,14159265358979... = Pi = π = ~ 3,1416
Der Umfang des Sechseckes = 6 * 0,5 = 3

Umfangs und eine unserer Ausgangs-Einheitsstrecken zusammenzählen.
(Drei + Eins = Vier)

Die Fünf erhalten wir, wenn wir nun auch noch die zweite Anfangs-Einheitsstrecke dazu addieren.
(Drei + Eins + Eins = Fünf)

Weiter kommen wir erst einmal noch nicht. Wir haben aber noch zwei Endpunkte unseres anfänglichen "Einheitskreuzes" frei. Also nehmen wir uns drei weitere Einheitsstrecken, halbieren sie (6 x 0,5 = 3) und zeichnen ein zweites Sechseck in unseren Einheitskreis ein – und zwar um 90 Grad versetzt zum ersten Sechseck (**Abb. 29**).

Der Kreisumfang des Einheitskreises =
3,14159265358979... = PI = π = ~ 3,1416

PI : 6 = 0,523598775598299... = 1 KE = ~ 0,5236

Nun können wir weitere Zahlen grafisch und rechnerisch darstellen:
Die Sechs ergibt sich aus den Umfängen beider Sechsecke.
Drei + Drei = Sechs

Für die Sieben nutzen wir die Vier (= 3 + 1) und die Drei des zweiten Sechsecks (3 + 3 + 1 = 7)

Zur Darstellung der Acht benötigen wir beide Sechsecke und beide Einheitsstrecken (3 + 3 + 1 + 1 = 8)

Abb. 29

Wir könnten diese grause Zahlen-Geometrie noch eine ganze Weile so weiterführen, doch soll es hier erst einmal genug sein. Nur eines muss noch gesagt werden: Durch das Einzeichnen des ersten Sechsecks in unseren Einheitskreis unterteilen wir diesen gleichzeitig in sechs gleichgroße Teilabschnitte. Diese Teilbögen sind logischerweise geringfügig länger als eine halbe Einheitsstrecke. Um ihre genaue Länge zu ermitteln, teilen wir also unseren Kreisumfang durch Sechs.
3,1416 geteilt durch 6 ist gleich 0,5235987… oder gerundet 0,5236.
(siehe Abb. 30; auf Seite 43)

Der Kenner der Materie wird hier zum ersten Mal stutzen: Die Zahl kenn ich doch, das ist doch die ägyptische Königselle ... Aber da muss ich ihm erst mal einen Dämpfer verpassen: Nein. Das ist nicht die ägyptische Königselle. Es ist nur der Zahlenwert dieser Elle, aber nicht die Elle selbst. Es ist eine Verhältniszahl, die bis hierhin allgemeingültig und dimensionslos ist und nichts mit einer Maßeinheit zu tun hat. Die tatsächliche absolute Länge der ägyptischen Elle ist an dieser Stelle

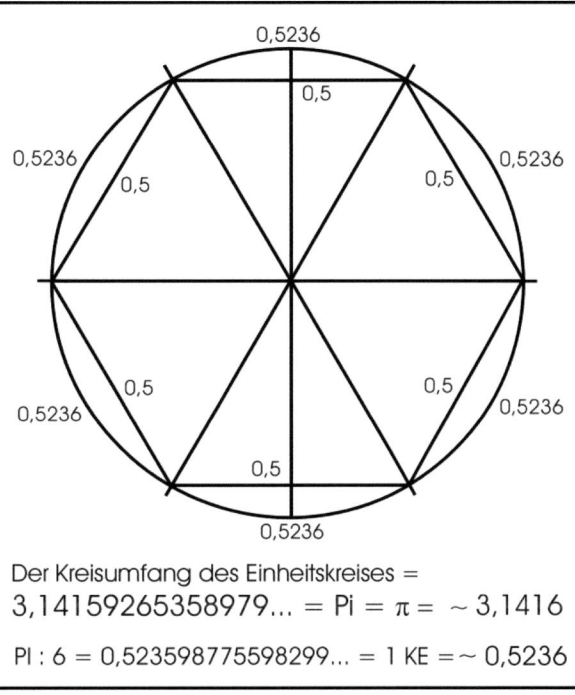

Abb. 30: *Der Einheitskreis durch 6 geteilt*

noch lange nicht festgelegt. Dazu kommen wir aber noch. 0,5236 ist erst einmal "nur" die Länge eines Teilkreisbogens eines Einheitskreises. Sie hat keine Maßeinheit und ist auch keine. Durch diese Zahl ist das Verhältnis einer Streckenlänge zu einem bestimmten, sie umgebenden Teilkreisbogen mathematisch-geometrisch exakt festgelegt. Für immer und überall. 0,5236 ist primär eine dimensionslose Konstante.

Trotzdem besteht hier eine enge Beziehung zur ägyptischen Elle. Sie wurde einst von ihren Schöpfern – vor vielen Jahrtausenden - ganz bewusst anhand dieses absolut unscheinbaren, aber doch so bedeutenden Verhältnisses festgelegt. Das ist erst einmal wieder keine neue Erkenntnis. Ein Sechstel von Pi ist schon lange als die Basis der ägyptischen Königselle im Gespräch. Soweit es mir bekannt ist, ist ihre Herleitung hier jedoch zum ersten Mal grafisch dargestellt. Das will und soll nichts bedeuten, doch das Spiel geht noch weiter ...

Die Verbindung zu den Giseh-Pyramiden

Hat Ihnen, lieber Leser, schon mal jemand gesagt, dass die sogenannte "Cheops"-Pyramide direkt auf die Lichtgeschwindigkeit gebaut wurde?
  Nein?
Dann mach ich das jetzt.

Lieber Leser:
Die sogenannte "Cheops"-Pyramide wurde direkt auf der Lichtgeschwindigkeit errichtet.
  Anscheinend hat es bis jetzt kaum einer bemerkt. Falls aber doch, so wurde der Fakt bislang hervorragend gedeckelt beziehungsweise offiziell totgeschwiegen.
  Zumindest Dr. Jelitto[30] hatte ja bereits vor einigen Jahren auf Beziehungen zwischen den Giseh-Pyramiden, Daten von Himmelskörpern und der Lichtgeschwindigkeit hingewiesen. Unter Anderem stellte er für die "Cheops"-Pyramide folgende Verhältnisgleichung auf:

Basiskantenlänge : 1 Lichtsekunde = Volumen d. Erde : Vol. d. Sonne

Für die herkömmliche Ägyptologie ist die Erkennung derartiger Fakten wie die Erkrankung an Pest, Cholera und Staupe am selben Tag. Kaum hatte sie die "rein zufällige" Nähe Gisehs zum 30. Breitengrad so einigermaßen ausgesessen, stellt sich heraus, dass diese verflixten Pyramiden direkt physikalisch-mathematisch-astronomisch mit Planeten und den Eigenschaften des Lichts verbunden sind. Zusätzlich zu allem Ungemach stellt kurze Zeit später auch noch "Henochs Uhr" eine nachrechenbare Direktverbindung zu den Sternen her. Konnte das alles zu Zeiten des Pyramidenbaues – wann immer das war – jemand so genau wissen? Selbstverständlich nicht. Offiziell jedenfalls.
  Also werden die Fakten ignoriert und so getan als gäbe es sie nicht. Einfach weiter im hoffnungslos überalterten Text. Für eine "Wissenschaft" ist solches Vorgehen einfach nur peinlich ...

---

[30]   [7; Seite 61 ff.]

Für den Rest der Menschheit sollte damit klar ersichtlich werden, dass unsere Frühgeschichte völlig anders verlaufen ist, als es in den Schul- und anderen Büchern steht. Doch wen stört das schon?

Jedes Kind weiß heute, dass die drei großen ägyptischen Pyramiden auf dem 30. Breitengrad stehen. Und wenn nicht, schaut es bei Google-Earth oder Wikipedia nach – und weiß es dann.

Doch die monumentalen Bauwerke stehen nicht direkt auf dem 30. Breitengrad, sondern ungefähr zwei Kilometer südlich davon. Bei Wikipedia[31] werden für das Giseh-Plateau als Gesamtheit 29 Grad 58 Minuten und 33 Sekunden nördlicher Breite angegeben. Im Normalfall ist diese Angabe völlig zufriedenstellend.

Das Plateau hat aber eine ganz schön große Fläche. Allein das direkte Pyramiden-Areal belegt eine Fläche von fast einem Quadratkilometer. Von den Gebieten ringsherum ganz zu schweigen. Mit Google-Earth und etwas Geduld kann man die geographischen Koordinaten noch viel genauer bestimmen. Alternativ kann man natürlich auch bei Wikipedia direkt die heutigen Bezeichnungen der Einzelbauwerke aufsuchen. Für die drei Pyramiden kommt man, so oder so, auf die – immer noch leicht gerundeten - folgenden Werte:

Die sogenannte "Chefren"-Pyramide, das Mittlere der drei Bauwerke steht auf 29° 58' 33" nördlicher Breite. Die sogenannte "Cheops"-Pyramide, die Größte der drei Großen, steht nordöstlich davon und ist bei 29° 58' 45" zu finden. Und last but not least ist die Kleinste, die sogenannte "Mykerinos"-Pyramide, südwestlich der "Chefren"-Pyramide auf 29° 58' 21" nördlicher Breite erbaut.

Die nächste große Überraschung kommt zu Tage, wenn man diese Breitengradangaben in die Dezimal-Schreibweise umrechnet. Sollte das wirklich noch keiner gemerkt haben? Allerdings ist es mir selbst ja auch erst vor ganz kurzer Zeit aufgefallen, obwohl ich schon seit Jahren regelmäßig mit diesen Zahlen umgehe. Es ist also ein gewaltiger Fakt, den man ganz leicht übersehen kann. Die Umrechnung sieht dann so aus:

---

[31]   [6]

Chefren:	29° 58' 33"	= 29,975833° => ca. 29,975

= Hinweis auf Teotihuacan und c

Cheops:	29° 58' 45"	= 29,979246° => 299.792,458[32]

= Hinweis auf Lichtgeschwindigkeit c in km/s !

Mykerinos:	29° 58' 21"	= 29,9725°

Das Bemerkenswerteste bei dieser Umrechnung ist, dass der Breitengrad des Standortes der sogenannten "Cheops"-Pyramide ein knallharter und direkter Hinweis auf die Lichtgeschwindigkeit ist.

Freilich: Im rein mathematischen Sinne ist es etwas abstrus, von einer Winkelangabe auf die Lichtgeschwindigkeit zu schließen. Die Ziffernfolgen sind sich aber ungeheuer ähnlich, eventuell sogar gleich. Das ist schon auffällig und überdenkenswert.

Ein klitzekleines Achtungzeichen muss allerdings gesetzt werden. Die Genauigkeit eines üblichen wissenschaftlichen Taschenrechners reicht hier nicht mehr wirklich aus: Tippt man die korrekten 29,979246 Grad ein und rechnet in Hexagesimal-Schreibweise ("Grad-Schreibweise") um, erscheinen die gewünschten 29° 58' 45" in der Rechneranzeige. Betreibt man das Spiel jedoch anders herum, erhält man 29,979167 oder einen noch anderen – hauchzart differierenden – Zahlenwert. Das tut der Sache aber keinen Abbruch. Die Differenz entsteht nur durch Rechen- und Rundungsvorgänge innerhalb des Taschenrechners. Die Tatsache der geringfügigen "Unsicherheit" stachelt eher dazu an, nachzuforschen, ob das die Absicht der Erbauer war – oder ob vielleicht doch nur eine zufällige Abweichung vom 30. Breitengrad gegeben ist.

Äußerst interessant ist jedoch auch die Breitengradangabe der sogenannten "Chefren"-Pyramide. Auch sie erinnert stark an die Zahlenfolge der Lichtgeschwindigkeit. Zusätzlich weißt sie aber auch noch auf den Abstand der Längengrade zwischen Giseh und Teotihuacan hin[33]. Teotihuacan beinhaltet ebenfalls einen riesigen Pyramidenbezirk und liegt auf der anderen Seite des Erdballs, in Mexiko.

---

[32]   [6]
[33]   [5]

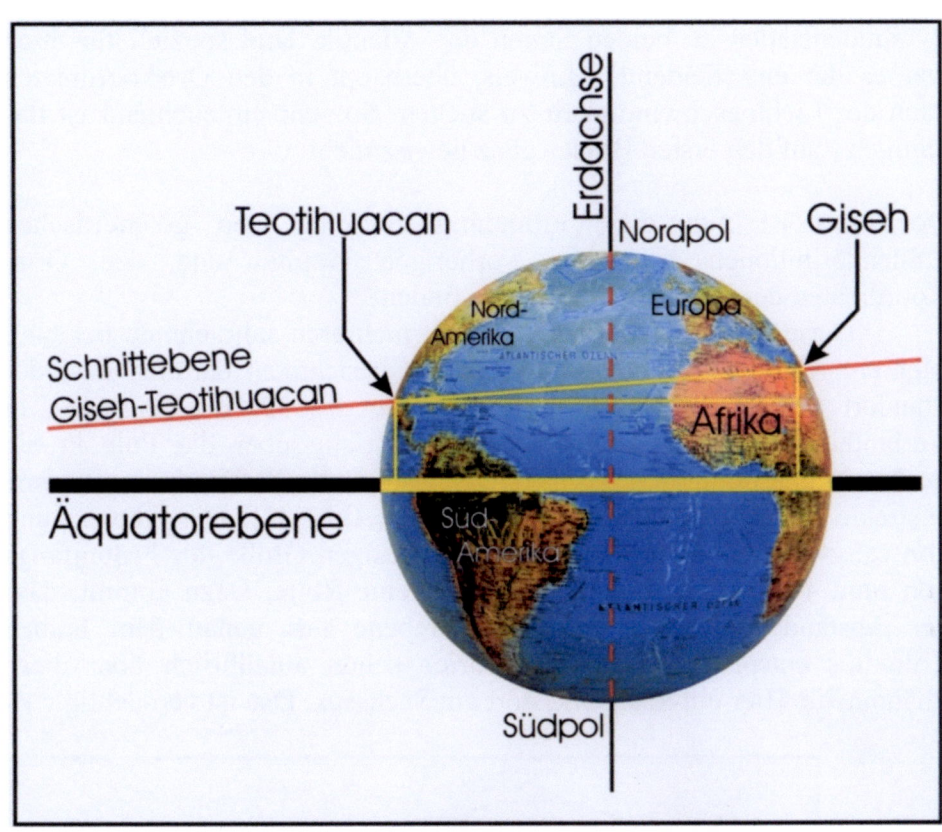

Abb. 31: *Die geographische Lage von Giseh und Teotihuacan. Das Bild wurde aus "Wenn die Erde eine Kugel wäre ..." übernommen[34]*

Dieser Abstand beträgt genau 129° 58' 26,8", was rund 129,975 Längengrade sind. Unterschlägt man die vordere Eins, erhält man näherungsweise den Breitengrad der sogenannten "Chefren"-Pyramide. Andersherum funktioniert das selbstverständlich auch. Jedenfalls hinlänglich genau.

Zunächst sieht auch das wie eine zufallsgeborene Spielerei aus. Dass es jedoch mehr als Zahlenzauber ist, wird sich noch zeigen: Es ist ein weiterer Hinweis auf die Zusammengehörigkeit beider großartigen

---

34   [5]

Pyramidenstätten zu beiden Seiten des Atlantik. Und speziell für mich war es der entscheidende Hinweis, überhaupt in den Ortskoordinaten nach der Lichtgeschwindigkeit zu suchen. So sehr einleuchtend ist das nämlich - auf den ersten Blick - ganz gewiss nicht.

Doch wo ist nun die Verbindung zwischen den geometrischen Zahlendefinitionen aus dem vorherigen Kapitel und den Orts-Koordinaten der Giseh-Pyramiden zu finden?

Diese Verbindung ist bereits seit mehreren Jahrzehnten bekannt. Mehrere Autoren – darunter Dr. Jelitto - berichteten darüber, dass der Standort der Pyramiden in nächster Nähe des 30. Breitengrades, in Verbindung mit dem Äquator, den Erdumfang über die Pole in ein Sechseck unterteilt. Wir können uns also Abb. 28 durchaus als eine abstrakte Darstellung der Erde vorstellen **(Abb. 32)**. Die Abweichung von ca. zwei Kilometern spielt bei der riesigen Größe des Erdumfangs von rund 40.000 Kilometern praktisch keine Rolle. Dazu kommt, dass der Abstand von Giseh zur Äquatorebene fast genau dem halben Erdradius entspricht. Auch ich schrieb schon ausführlich über diese Phänomene. Hier ein Sechseck, dort ein Sechseck. Das ist verdächtig …

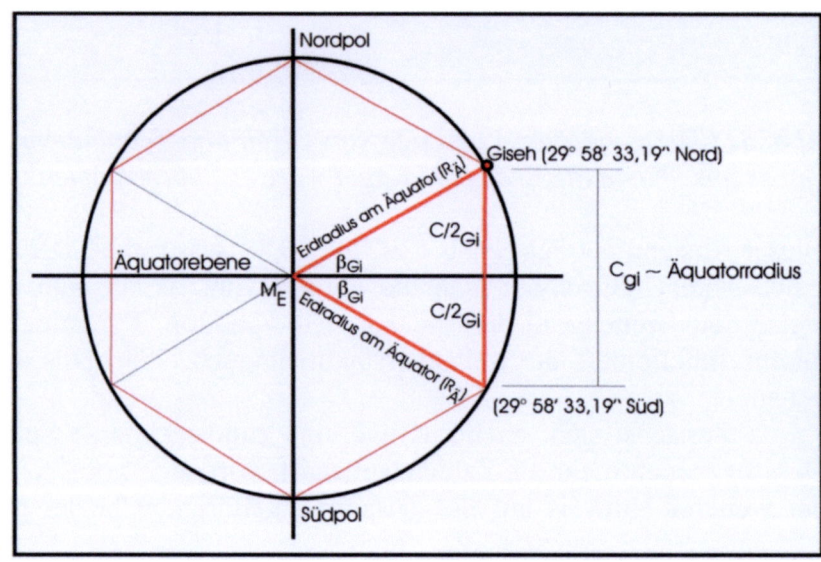

Abb. 32:

48

Schwierigkeiten

Betrachten wir nun die Stellung der drei Giseh-Pyramiden zueinander etwas genauer, erhärtet sich der Verdacht, dass Pyramiden und Geometrie eng zusammengehören, beträchtlich.

In seinem hervorragenden Buch "Pyramiden und Planeten"[35] untersuchte bereits Dr. Hans Jelitto diese Beziehungen sehr eingehend und ausgesprochen gründlich. Eine saubere Arbeit. Doch auch er war lange nicht der Erste, der sich mit dem Thema beschäftigte, und zumindest teilweise auf die Arbeiten seiner Vorgänger angewiesen.

Vorerst benutze ich für die weiteren Demonstrationen die von ihm ermittelten Zahlen. Es sei jedoch schon jetzt darauf hingewiesen, dass diese Zahlen auf Messungen beruhen, die teilweise über 100 Jahre alt sind, und deshalb minimale Abweichungen zur rein mathematischen Herleitung aufweisen. Ob diese Abweichungen tatsächlich in Form von klitzekleinen Bauungenauigkeiten existieren oder ob sie auf Mess- und Interpretationsfehlern beruhen, kann hier noch nicht endgültig entschieden werden.

Ich kann also die Forderung an die offizielle Ägyptologie, den Giseh-Komplex als Gesamtheit nochmals neu und exakt zu vermessen, nur noch einmal wiederholen und ihre Dringlichkeit betonen.

Die Lichtgeschwindigkeit im Vakuum wird im normalen öffentlichen Sprachgebrauch oft mit rund 300.000 Kilometern in der Sekunde angegeben. Das ist eine durchaus sinnvolle, vereinfachende Näherung an die realen Verhältnisse und normalerweise völlig ausreichend. In anderen Medien[36] wie Luft, Wasser, Glas, … usw. wird eine geringere Lichtgeschwindigkeit gemessen. Das ist vom jeweiligen Material abhängig und im jeweils betreffenden Material ebenfalls konstant.

Will man jedoch erforschen bzw. nachweisen, ob bzw. dass die alten Ägypter tatsächlich die Lichtgeschwindigkeit kannten, muss man erheblich genauer vorgehen. Glücklicherweise wussten das auch die

---

[35]   [7]
[36]   Stoffen

Götter des alten Ägypten, als sie die Pyramiden planten – und hinterließen uns ganz bewusst eine geniale Eselsbrücke. Anders als "Eselsbrücke" kann man es wirklich nicht nennen. Die Esel, für die diese Brücke gebaut wurde, sind wir.

Die 300.000 stammt vordergründig von der Rundung der heute bekannten Lichtgeschwindigkeit. Hintergründig resultiert sie jedoch aus dem Einheitskreis. Sie ist das 100.000-fache der Drei. Genau jener Drei, deren exakter Wert durch das erste Sechseck im Einheitskreis beschrieben und festgelegt ist. Dieses Sechseck wiederum ist dem Planeten Erde aufgeprägt worden. Beispielsweise durch Giseh und seiner Erbauung in allernächster Nähe des 30. Breitengrades. Andere Punkte des global-irdischen Giseh-Einheits-Sechsecks sind die Erdpole und der Äquator. In der Dreißig des gerundeten Breitengrades steckt wieder die Drei aus dem Einheitskreis drin, der mithilfe von Giseh global festgeschrieben wurde. Und so weiter, und so fort.

Der genaue Wert der Lichtgeschwindigkeit beträgt c = 299.792,458 Kilometer je Sekunde[37]. Dieser Wert liegt ganz dicht bei den eben genannten 300.000 km/s. Der Abstand beträgt gerade einmal 207,542 km/s. Das ist zwar um ein Vielfaches[38] schneller, als unsere allerschnellsten heutigen Raketen bzw. Raumsonden fliegen können, doch im Vergleich zur Lichtgeschwindigkeit sind es bloß enttäuschende 0,07 Prozent oder ganze 7 Zehntausendstel. Daran kann man auch ersehen, wie schnell Lichtgeschwindigkeit tatsächlich ist. Vorstellen, kann man es sich dennoch nicht.

Der Unterschied zwischen 300.000 und 299792,5 km/s ist so gering, dass eine Unterscheidung zwischen Zufall und Absicht praktisch unmöglich wäre, gäbe es nicht die extra für diesen Zweck geschaffene Eselsbrücke.

Bei der Betrachtung über die Geschwindigkeit des Lichts[39] spielt noch ein Fakt eine Rolle, der nicht unterschätzt werden darf: Die Maßeinheit.

---

[37]   nach Wikipedia [6]
[38]   etwa das 14-fache
[39]   Die offizielle Abkürzung der Lichtgeschwindigkeit heißt c

Die Vakuum-Lichtgeschwindigkeit selbst ist konstant. Das bedeutet, das Licht ist im Vakuum immer gleich schnell, egal welchen Zahlenwert und welche Maßeinheit wir ihm zuordnen.

Geben wir die Geschwindigkeit – wie das heute üblich ist - in Kilometern je Sekunde an, so sind es rund 299.792,458 km/s.

Geben wir c in Kilometern je Millisekunde[40] an, so müssen wir rund 299,8 km/ms schreiben. In Kilometern je Mikrosekunde[41] sind das ganze 0,3 km/µs und in Metern je Sekunde 299.792.458 m/s. Bemessen wir die Lichtgeschwindigkeit nicht in Kilometern, sondern in altägyptischen Königsellen (KE)[42] je Sekunde, ändert sich auch noch der Zahlenwert sichtbar. Es heißt dann c = 572.560.080 KE/s. Für uns ist praktisch somit nicht mehr auf Anhieb zu erkennen, dass diese Angabe etwas mit der Lichtgeschwindigkeit zu tun hat. Und doch sagt jede der aufgeführten Schreibweisen genau dasselbe aus.

Es gibt aber auch noch jede Menge andere Längenmaßeinheiten, bei denen das analog funktioniert. Die Lichtgeschwindigkeit ist in der Folge kaum noch als solche zu vermuten oder zu erahnen. Und wer sagt denn, dass die alten Ägypter auch noch unsere Sekunde als Maßeinheit für die Zeit nutzten? Gebrauchten sie eine andere Zeitmaßeinheit, wird alles sofort noch viel unübersichtlicher. Obwohl der exakt selbe Sachverhalt dargestellt wäre, wären wir ohne Eselsbrücke außerstande, ihn je zu erkennen. Es würde praktisch unmöglich, eine gesicherte Aussage zu treffen.

Wie ist bei diesen unermesslichen Schwierigkeiten vorzugehen, um möglichst wenig Fehler zu begehen? Wie können wir sicherstellen, dass wir nicht aus Versehen auf dem falschen Planeten landen? Oder gar in der falschen Galaxie?

Mathematik, Geometrie und die Götter unserer Ahnen kommen uns zu Hilfe: Stellen Sie sich bitte zwei unterschiedlich lange Strecken vor. Meinetwegen zwei Besenstiele differierender Länge, oder irgendetwas

---

[40]   Eine Millisekunde entspricht einer Tausendstel Sekunde; 1 ms = 0,001 s
[41]   1 Mikrosekunde = 0,001 Millisekunde = 0,000001 Sekunde
[42]   1 ägypt. Königselle = 1 KE = 0,5236 Meter

Anderes. Messen wir die Länge beider Strecken jeweils mit derselben Maßeinheit, so bleibt das Verhältnis zwischen beiden Längen immer gleich – völlig unabhängig davon, welche Maßeinheit wir benutzen.

Ein Beispiel:

Meter:
Besen 1: = 1,50 m;   Besen 2: =1,80 m
Verhältnis: 1,50 m : 1,80 m = **0,833333**

ägypt. Ellen:
Besen 1: = 2,865 KE (= 1,50 m); Besen 2: = 3,438 KE (= 1,80 m)
Verhältnis: 2,865 KE : 3,438 KE = **0,833333**
…

Genau so funktioniert das bei ausnahmslos allen anderen Maßeinheiten auch, solange wir nichts an den Voraussetzungen – also an der Besenlänge selbst – ändern. Das ist das Schöne an der Mathematik.

Die Götter der irdischen Frühzeit wussten das alles und noch viel mehr – und sie planten und handelten danach.

Der Verdacht erhärtet sich

Dr. Jelitto[43] gibt für die Diagonale der sogenannten "Cheops"-Pyramide bzw. für die Gerade zwischen den Pyramidenspitzen der "Cheops"- und der "Chefren"-Pyramide eine Abweichung von 43 Grad 22 Minuten und 52 Sekunden von der exakten Nordrichtung an. In Dezimalschreibweise sind das 43,381111 Grad.
       Ein komischer Winkel. So unrund und ungerade. Warum haben die Pyramidenplaner nicht glatt 45 Grad genommen?

---

[43]   [7]

Oder wenigstens 43,5 Grad? Oder irgendeinen anderen runden Winkel? Warum gerade diesen?

Entstammt dieser Winkel dem Zufall, weil die Erbauer der Pyramiden ihre Bauwerke einfach dorthin gestellt haben, wo der beste Bauplatz war? Oder ist er sonst irgendeinem Zufall zuzuschreiben?

Mitnichten. Er wurde mit extrem viel Bedacht so ausgewählt.
Und mit irrsinniger Genauigkeit in die Bauwerke integriert.

Um das zu verstehen, folgt nun ein wenig scheinbarer "Zahlenzauber"[44] der ganz besonderen Art. Seine Existenzberechtigung kann jedoch blitzsauber nachgewiesen werden und wird es auch noch. Also bitte ein klein wenig Geduld und große Aufmerksamkeit, wir sind gleich soweit.

Der Sinus von 43,381111 Grad beträgt 0,6868479. Multipliziert man diesen Sinus mit 360 Grad, erhält man die Zahl 247,26526.
Zieht man diese Zahl nun von 300.000 ab, erhält man eine Zahl, die sehr an die Lichtgeschwindigkeit in Kilometern je Sekunde erinnert, ihr aber nicht wirklich entspricht:

300.000 − 247,26526 = **299.752,73**

Zusätzlich erinnert diese Zahl auch wieder an den gerundeten Breitengrad der sogenannten "Chefren"-Pyramide mit 29,975 Grad und an den Längengrad-Abstand von Giseh und Teotihuacan mit ca. 129,975 Grad. Rein mathematisch hat das vordergründig alles nicht allzu viel miteinander zu tun. Doch die Ähnlichkeit der Zahlen ist auffallend und verblüffend.

Auch der o.g. Sinus von 0,6868479 ist für Zahlenspieler auffällig. Waren vielleicht 0,6868686868…. gemeint? Das ist durchaus möglich und wahrscheinlich. Wiederholt man die Rechnung mit diesem Wert, landet man am Ende wieder bei 299.752,73.

---

[44]   Zahlenzauber - weitgehend ohne Maßeinheiten

Der 43,381111-Grad-Winkel hat sich nur um mickrige 3 Bogensekunden geändert – und das fällt schon den innerbetrieblichen Rundungsfehlern des Taschenrechners zum Opfer, wodurch das Endergebnis dasselbe bleibt. Ganz zu schweigen von minimalsten Bau- und Meßungenauigkeiten sowie Toleranzen, die, trotz absoluter Perfektion und Präzision, bei Großprojekten wie dem ägyptischen Pyramidenbau nicht restlos vermieden werden können. Auch von Göttern nicht.

Was sagt uns aber nun die Zahl 299.752,73 ?
Taucht sie hier rein zufällig auf? Aufgrund der Spielereien mit dem Taschenrechner?
        Oder kann man mit ihr irgendetwas anfangen? Bezieht sie sich tatsächlich auf die Lichtgeschwindigkeit?
Falls ja: Wie?
Hat sie überhaupt einen Sinn?

Oh, ja! Den hat sie. Großen sogar.
Auch wenn es mal wieder auf den ersten Blick nicht so aussieht.
Also erst einmal weiter mit dem scheinbaren "Zahlenzauber".

Bei Wikipedia wird die Lichtgeschwindigkeit mit 299.792,458 Kilometern je Sekunde angegeben. Weil wir bei unserer neuen Zahl von 299.752,73 nur zwei Stellen hinter dem Komma haben, runden wir die richtige Vakuum-Lichtgeschwindigkeit auf 299.792,46 km/s und ziehen beide voneinander ab.

```
    299.792,46
  - 299.752,73
  ------------------
  =       39,73
  ==========
```

Diese Zahl kam mir irgendwie bekannt vor. Irgendwo hatte ich sie schon einmal an einer sehr wichtigen Stelle gesehen. Sie erinnerte mich an das Buch "Pyramiden: Wissensträger aus Stein" von Axel Klitzke. Ein seltsames, brillantes Pyramiden-Mathematikbuch, bei dem ich zwar die meisten, aber nicht alle Rechnungen bestätigen würde, dass mich aber an vielen Stellen absolut fasziniert hat. Auf sowas muss man erst mal kommen. Hervorragend. Brillant – aber nichts für Weicheier.

Dort stand geschrieben, dass die Länge der Maßeinheit Zoll - die im englischen Sprachraum auch heutzutage noch überwiegend genutzt wird – folgendermaßen definiert wird:

$$1 : 0{,}3937 = 2{,}54000508\ldots$$

Dabei entspricht die 1 einem Zoll, die 0,3937 ist der amtliche Umrechnungsfaktor und die 2,54... ist die Länge eines Zolls in Zentimetern. Mit den merkwürdigen Feinheiten dieser offiziellen Umrechnung möge sich der geneigte Leser bitte im o.g. Buch von Axel Klitzke vertraut machen[45].

Diese kleine Umrechnung beinhaltet das Verhältnis von Zoll zu Zentimeter, beziehungsweise andersherum. Das ist wieder ein Punkt, der stutzen lässt. Kannten die Götter der alten Ägypter Zoll und Zentimeter? Axel Klitzke sagt JA, und ist sich dabei auch noch völlig sicher …

Glücklicherweise war ja bei mir die 39,73 aufgetaucht und nicht die 0,3937 (bzw. 0,3937 x 100 = 39,37; Umrechnungsfaktor = 100). Beides hatte also nichts miteinander zu tun …

Oder doch?

Merkwürdig war in jedem Fall, dass sich die Zahlen so ähnlich waren. Der Unterschied bestand lediglich in einem Zahlendreher und einer versetzten Kommastelle.

Im normalen Leben kann ja so ein Komma unglaublich wichtig sein. Beispielsweise beim Kontostand und anderen brisanten Dingen. Wenn man jedoch nicht genau weiß, wonach man sucht – und auch die verwendete Maßeinheit nicht kennt – spielt es erst einmal keine Rolle.

---

[45]   [8]

Hatte also die verdrehte Ziffernfolge etwas zu bedeuten? Oder war doch nur alles Zufall?

Um der Antwort auf diese Fragen näher zu kommen, drehte ich die Zahlen in der Folge noch ein wenig weiter um sich selbst, und stieß prompt auf einen funkelnigelnagelneuen Zusammenhang:

$$39{,}73 : 37{,}93 = 1{,}0474558 : 2 = \mathbf{0{,}5237}$$

In der Zahlendreherei steckten also nicht nur Zoll und Zentimeter, sondern auch noch eine sehr genaue Annäherung an den Zahlenwert der altägyptischen Königselle und damit an ein Sechstel von Pi sowie eine Erinnerung an den Einheitskreis. Sollte die Definition und das gegenseitige Verhältnis von drei weltweit bedeutenden Maßeinheiten (Zentimeter, Zoll, ägypt. KE) **"rein zufällig"** in vier verdrehten Ziffern zu finden sein?

Niemals.

Trotz des eigenwilligen Ermittlungsweges und der minimalen Ungenauigkeit konnte hier kaum der handelsübliche Zufall dahinter stecken. Eine Restunsicherheit blieb aber erst einmal bestehen.

Wer hat sich das ausgedacht?

Hatte der Irrsinn Methode?

Woher kamen diese verdrehten Zahlen?

Der Lösung ein Stück näher

Für ein paar Tage steckte ich fest und kam nicht weiter, so sehr ich auch grübelte. Glücklicherweise näherte sich in der Chronologie der Vortragsabend mit Erich von Däniken mit Riesenschritten. Nach dem Vortrag hatte ich Gelegenheit in relativer Ruhe mit Erich über die Probleme zu sprechen. Das half zwar nicht sofort fachlich weiter, es lieferte jedoch eine Menge Inspiration und neuen Tatendrang. Anderthalb Tage später – am 30. September 2010, früh um Drei – hatte ich die Lösung gefunden.

Abb. 33: *Eintrittskarte mit echter "Sitzungsmalerei"*

Jedenfalls so einigermaßen. Was noch fehlte, kam in den Tagen danach Stückchen für Stückchen angekleckert.

Erst im Rückblick wurde mir schrittweise allmählich klar, welche Genialität in der Zahlendreherei mit den Zahlen 37,39 ; 37,93 ; 39,37 ; 39,73 und 0,3937 steckte, auf die ich da gestoßen war.

Die Planer und Erbauer der Giseh-Pyramiden hatten drei riesige Bauwerke aus riesigen Steinen millimetergenau in die Wüste gestellt. Sie hatten dabei die exakten Abmessungen des Planeten Erde zu beachten. Ebenfalls millimetergenau. Sie kannten die Lichtgeschwindigkeit mindestens so genau wie wir Heutigen und bauten sie mehrfach in ihre Werke mit ein. Mindestens einmal direkt – in die wiederum millimetergenaue Platzierung der sogenannten "Cheops"-Pyramide auf dem Breitengrad von 29° 58' 45". Und mehrmals indirekt, sodass man im Rahmen von Berechnungen zwangsläufig darauf stoßen musste. So mindestens geschehen bei Dr. Jelitto und bei mir. Weitgehend unabhängig voneinander. Mehrmals.

Um auf die winzige Differenz zwischen der Vakuum-Lichtgeschwindigkeit und den runden 300.000 km/s hinzuweisen, und somit Verwechslungen und Irrtümer ein für allemal auszuschließen, erdachten die Pyramidenplaner eine geringfügig größere Differenz von 247,26526 km/s zu 300.000 km/s, die sie baulich durch den Winkel der Pyramidendiagonale von 43,38111 Grad für die Ewigkeit fixierten.

Die Differenz 247,26526 entstand durch die Multiplikation von 360 Grad mit dem Sinus des Winkels von 43,38111 Grad[46]. Die 360 Grad verkörpern dabei den Einheitskreis und stellen die gedankliche Verbindung zu ihm her.

Dadurch entstand eine neue Differenz zwischen der richtigen Vakuum-Lichtgeschwindigkeit und der soeben ermittelten abweichenden "Lichtgeschwindigkeit". Diese neue Differenz von vorerst 39,73 wies per "Zahlenzauber" direkt auf die Zusammenhänge zwischen drei weltweit wichtigen Maßeinheiten hin: Zoll, Zentimeter und ägyptische Königselle. Eventuell kommt sogar noch eine Vierte hinzu, denn 39,37 geteilt durch 37,39 ist nämlich 1,0529553 – und das entspricht so in etwa dem mittelamerikanischen Hunab, dessen tatsächliche Länge jedoch noch nicht eindeutig und endgültig bekannt ist.

Bemerkenswert ist auch, dass in dem Zahlenzauber eine ganze Reihe von "Maya"-Zahlen mit drinsteckt. Da wäre beispielsweise die 73 als umgedrehte 37. Dazu gesellt sich die 13, die dreimal in der 39 enthalten ist. Nimmt man noch eine 13 hinzu, landet man bei 52. Und wenn man noch ein wenig weiter sucht, findet man noch mehr Zusammenhänge.

Wir stehen hier also hautnah vor der direkten naturwissenschaftlichen Verbindung zwischen Ägypten, Mittelamerika, dem Erdball und den mathematischen Grundlagen des kompletten Universums. Nicht vor irgendeiner beliebigen Verbindung, sondern vor dem ursprünglichsten Ursprung, den es überhaupt geben kann. Gegründet auf die exakte Kenntnis von Lichtgeschwindigkeit und Kreiszahl Pi. Gegründet also auf Naturkonstanten, die beide damals bereits exakt bekannt gewesen sein MÜSSEN. Die aber dem Wissen der Maya und Ägypter - nach konventioneller Vorstellung - niemals entsprungen sein können. Es ist völlig ausgeschlossen, dass all dies auf Zufall beruht. Hätten die globalen Pyramidenplaner nicht mindestens diese beiden

---

[46] Der Sinus von 43,381111 Grad beträgt 0,6868479 => sein Planungswert lag vermutlich bei 0,68686868…

Konstanten genau gekannt, würden die Pyramiden heute nicht dort stehen, wo sie stehen!

Wer das nicht sieht – oder nicht wahrhaben will - sollte dringend persönlich beim Augenarzt vorsprechen. Und wer weiß, was noch alles hinter diesen Zahlen verborgen ist?

In dem Zahlengemetzel finden sich nämlich "Erinnerungen" an weitere Naturkonstanten. Doch das muss in späteren Arbeiten noch erheblich gründlicher untersucht werden.

Die Menschheit sollte endlich den Mut finden, ihre tatsächliche Vergangenheit mit echten wissenschaftlichen Methoden zu erforschen. Denn das, was gegenwärtig im Rahmen der Frühgeschichtsforschung geschieht, spottet jeder Beschreibung.

Die konzentrierte Ansammlung von mindestens drei grundlegenden Maßeinheiten auf engstem (Zahlen-)Raum schließt Zufall völlig aus. Nichts, aber auch gar nichts, ist in Giseh dem Zufall überlassen. Wir stehen dort völlig hilflos und staunend vor einem phänomenalen Konglomerat aus Naturwissenschaft, Kunst, Vermessungswesen, Baukunst, … und präastronautischem Meisterwerk.

Wahnsinn!

Oder das exakte Gegenteil davon. Je nach dem, wie man es sehen will.

Vorläufig blieben erst einmal nur zwei Fragen offen:

1. Wieso kannten die alten Ägypter und ihre Götter unsere heutigen Maßeinheiten Zoll und Zentimeter?
2. Wo hatten diese verflixte 39,73 und ihre Zahlenzaubergenossinnen ihren tatsächlichen Ursprung? Woher kamen sie?

Die erste Frage ist schnell und leicht zu beantworten. Sie ist nämlich völlig falsch gestellt. Richtig formuliert muss sie heißen:

Woher stammen unsere heutigen Maßeinheiten Zoll und Zentimeter wirklich?

Die Kurzantwort lautet: Wir haben sie von den außerirdischen Göttern der Urzeit geerbt. Und die detaillierte Beantwortung dieser umformulierten neuen Frage kann man wunderbar bei Axel Klitzke[47] nachlesen.

Die Beantwortung der zweiten Frage erfolgt sofort im übernächsten Kapitel.

Geniale Freaks

Doch zuvor ist noch ein Einschub notwendig. Der verblüffende Zahlenzauber ist hier nämlich noch nicht beendet. Schätzungsweise ist auch nach diesem Kapitel noch lange nicht Schluss, doch ich will es an dieser Stelle dann erst einmal genug sein lassen.

    Die Pyramidenplanungsgötter und ihre Erfüllungsgehilfen – wer immer sie waren – bauten für die Ewigkeit. Das erkennt man an der überaus soliden und exakten Bauweise, an der vielmaligen Redundanz und an der globalen Verteilung und Verbindung ihrer baulichen Hinterlassenschaften. All diese Bauten sollten Jahrtausende schadarm überdauern.

    Wie man an den Relikten ihres Wirkens auch heute noch deutlich sehen kann, haben zumindest Teile ihrer Bauwut den Unbill der Zeiten relativ gut überstanden.

    Offensichtlich gingen die Planungsgötter davon aus, dass etwas Dramatisches passieren würde. Etwas, das den ganzen Planeten grundlegend verändern würde. Sie gingen ganz bewusst davon aus, dass sie dieses Geschehen auf der Erde nicht überleben würden, und schrieben ihr Testament, bevor sie sich in Sicherheit brachten. Sie gravierten es tief in unverwüstlichen Stein. Damit es viele Jahrtausende überdauern konnte. Zu diesem Zweck setzten sie weltweit Zeichen ihrer einstigen

---

[47]   [8]

Anwesenheit. In diese Denkmäler ihrer eigenen Existenz integrierten sie Wissen verschiedener Art. Wissen, welches ihre direkten Nachfolger erst einmal nicht mehr haben würden oder nutzen konnten, das aber erhalten werden sollte, um späteren Nachfolgegenerationen als dauerhaftes Monument von ihrem Hiersein zu künden. Ansonsten wäre der von ihnen betriebene Aufwand als maßlos übertrieben und völlig fehl am Platze einzuschätzen.

Vielleicht spielten sie auch uneigennützig mit dem Hintergedanken, dass das von ihnen so überlieferte Wissen späteren Generationen noch so manchen Vorteil bescheren könnte.

Anscheinend wussten die Götter jedoch nicht genau, wie groß die Schäden am Planeten Erde im Endeffekt tatsächlich sein würden. Zumindest einen Teil des in den Giseh-Pyramiden gespeicherten Wissens sicherten sie deshalb gegen noch größere Zerstörungen ab. Dieses Bestreben kann man noch heute in Giseh erkennen und nachweisen …

Durch das Erkennen des Zahlenzaubers mit der 39,73 inklusive seiner Folgen (Maßeinheiten: Zoll, Zentimeter, Elle, …) steht erst einmal fest, dass sich unsere diesbezüglichen Gedanken auf dem richtigen Weg befinden: So - oder so ähnlich - war das alles von Anfang an gedacht. Damit steht ebenfalls fest, dass die wichtigsten Winkel mit 43° 22' 52" und 31° 55' 13" von Dr. Jelitto hinreichend genau ermittelt wurden.

Geht man jedoch davon aus, dass eventuell größere Schäden an den Bauwerken die erreichte Exaktheit der Winkelberechnungen verhindert hätten – und vergrößert deshalb die Toleranzen – so öffnen sich weitere Wege der Erkenntnis. Das Verblüffende daran ist, dass man die Erkenntniswege gegenseitig austauschen kann – und doch wieder zum selben Ergebnis kommt.

Den ersten und wichtigsten Hinweis liefert das Snelliussche Licht-Brechungsgesetz. Allein durch das Gesamtkonzept von Giseh wird man auf dieses Gesetz hingewiesen. Die Pyramiden selbst könnten praktisch völlig zerstört und nur noch als Schutthaufen vorhanden sein, das Brechungsgesetz könnte man immer noch erkennen. Vorausgesetzt natürlich, man kennt es und kommt darauf, dass es gemeint ist. Dann kann man die Schutthaufen durchsuchen, um weitere Fakten zu finden …

Im Zweifelsfall braucht man auch nur zwei der drei Pyramiden, um auf die Zusammenhänge zu stoßen. Allerdings muss die mittlere, sogenannte "Chefren"-Pyramide, dabei sein.

Nehmen wir einmal an, die Zerstörungen an den Bauwerken wären nicht so schlimm, wie eben geschildert, jedoch größer, als sie heute tatsächlich an den Bauwerken vorhanden sind. In diesem Fall hätten wir vielleicht Schwierigkeiten die beiden o.g. Winkel so exakt zu bestimmen[48]. Durch die Gestaltung des Giseh-Plateaus wüssten wir zwar, dass das Brechungsgesetz gemeint ist, wir hätten aber mit größeren Toleranzen der beiden Winkel umzugehen.

Der aufmerksame Leser erinnert sich vielleicht daran: Bei den ersten Überlegungen über den Zusammenhang zwischen Giseh und der Katoptrik ergab sich zunächst eine Brechzahl von n = 1,2990309. Sie entstammte aus den beiden obigen Winkeln (43°22'52" und 31°55'13"). Durch die in ihr enthaltene Ziffernfolge 299 erinnert sie immer irgendwie ein wenig an die Lichtgeschwindigkeit.

Rechnen wir jetzt mit größeren Toleranzen, bleibt die Brechzahl trotzdem halbwegs in derselben Größenordnung. Bei 43,0° und 32,0 Grad beträgt sie 1,2869854 oder bei 42,0° und 31,0 Grad ergibt sich die 1,2991867. Das heißt: Die Erinnerung an die Lichtgeschwindigkeit durch die Brechzahl wird zwar unter Umständen erheblich diffuser, aber sie bleibt über mehrere Grad Abweichung immer noch irgendwie erkenntlich. All diese Brechzahlen würde man zunächst auf 1,3 ab- oder aufrunden, um irgendwann den Hinweis auf c zu erkennen. Ebenso verhält es sich mit der Erinnerung an den Längengrad-Abstand zwischen Giseh und Teotihuacan mit 129,975 Grad. Auch unter wesentlich ungünstigeren Bedingungen, als sie uns heute zur Verfügung stehen, haben wir also immer noch eine Chance, die Hinweise auf die Lichtgeschwindigkeit und auf Teotihuacan als solche zu erkennen.

---

[48]   Obwohl das durch die quadratische Grund-Bauform der Pyramiden fast in jedem Falle relativ einfach trotzdem möglich ist. Man ermittelt die Diagonalen der Grundflächen und erhält mit ihrem Schnittpunkt den Mittelpunkt der Pyramidengrundfläche. Der Mittelpunkt wäre als Pyramidenspitzenersatz der neue Referenz- und Meßpunkt.

Daraus ergeben sich wiederum mehrere Möglichkeiten, von denen hier nur zwei kurz angerissen werden sollen.

Beispielsweise kann man n direkt auf die Lichtgeschwindigkeit ummünzen, also mit n = 1,29979246 und einem der beiden Winkel weiterrechnen. Je nachdem, welcher genauer zur Verfügung steht.

Oder man kann von n = 1,3 und/oder dem Winkel β = 1 : Pi mal 100° = 31° 49' 51" ausgehen. Dann stößt man am Ende sogar auf glatt 39,37. Allerdings merkt man dann nicht unbedingt, dass man die Ziffernfolge in sich verdrehen kann bzw. sogar muss. Man kommt aber wieder zur Lichtgeschwindigkeit und nach Teotihuacan.

Interessant ist dabei eine ungewöhnliche Umrechnung. Eins geteilt durch Pi ergibt die Konstante 0,3183098. Um zu dem richtigen Winkel zu kommen, muss man mit 100 Winkelgrad multiplizieren. 0,3183098 mal 100 Grad ist gleich 31,83098 ist gleich 31° 49' 51" ist ungefähr gleich Winkel Beta (β). Die Abweichung beträgt ganze 5 Gradminuten und 22 Sekunden. Winzig.

Ist hier - und nicht nur hier - durch den Umrechnungsfaktor ein ulkiger Hinweis auf die Siedetemperatur des Wassers gegeben? Das würde bedeuten, dass die Götter auch unsere Celsius-Skala kannten und benutzten.

Andersrum natürlich: Es würde bedeuten, dass wir heute noch – oder wieder - die Temperaturscala der Götter benutzen. Freilich ist das nur ein "Verdacht", aber einer, der irgendwie ins Konzept passen würde, auch wenn er reichlich seltsam anmutet. Überhaupt haben die Götter allem Anschein nach gern mit dem Faktor Hundert umgerechnet. Der taucht alle Nase lang auf. Wir Heutigen dagegen benutzen lieber die Tausend. Beispielsweise bei Millimeter – Meter – Kilometer oder bei Milligramm – Gramm – Kilogramm – Tonne usw.usf.

Außerdem ist sehr bemerkenswert, dass die Möglichkeit besteht, den Winkel β von einer konstanten Größe (1 / Pi) abzuleiten. Wir müssen also nicht zwingend mit dem 43° 22' 52"-Winkel anfangen. Man kann die Rechnung von mehreren Seiten aufzäumen und kommt doch immer wieder zum selben – wenigstens aber zu einem sehr ähnlichen – Ergebnis: Zur Lichtgeschwindigkeit und nach Teotihuacan.

Ganz ähnlich sieht das aber auch bei dem 43-Grad-Winkel aus.

Nimmt man kleine Toleranzen in Kauf, stößt man auf viele Wege, ganz in die Nähe zu diesem Winkel zu kommen. Dazu ein paar wenige Beispiele, wie etwa die halbwegs genaue Herleitung aus dem Einheitskreis. Bei der Berechnung der dort enthaltenen Dreiecke kommt man an der Formel: 0,5 multipliziert mit Sinus von 60 Grad, nur schwer vorbei. Das Ergebnis lautet 0,4330127. Betrachtet man diese Strecke wiederum als Sinus ergibt sich ein Winkel von 25,66 Grad. Rechnet man die 0,4330127 jedoch auf die seltsame Götterart in einen Winkel um, indem wir mit 100° multiplizieren, ergeben sich 43,30127 Grad, was in "Grad-Schreibweise" 43° 18' 4,5" entspricht. Die Abweichung von 43,381111 Grad beträgt wieder nur knapp 5 Winkelminuten.

Weitere und noch genauere Möglichkeiten ergeben sich, wenn wir wieder die ursprüngliche Brechzahl n mit in die Rechnung einbeziehen und ein wenig damit herum"spielen". Auch hier ist die Abweichung am Ende meist nicht größer als fünf Gradminuten. Besonders interessant ist, wenn wir mehrmals die Ziffernfolge der Vakuum-Lichtgeschwindigkeit verwenden. Beispielsweise so:

$$n \quad : (c : 100.000) = \quad \alpha$$
$$\mathbf{1,29979246} : \mathbf{2,9979246} = 0,43356407 => 43,356407 = 43° 21' 23°$$

$$43° 22' 52" - 43° 21' 23" = 00° 01' 29"$$

Die Abweichung beträgt hier also nur eine Minute und 29 Sekunden. Das ist wieder eine Zahl, die uns merkwürdig bekannt vorkommt. Erinnert sie uns doch an die Brechzahl n und an den Längengrad-Abstand zwischen Giseh und Teotihuacan mit rund 129,975 Grad, der nur um rund 1,5 Minuten von glatten 130 Grad abweicht. Ist das Zufall oder Absicht? Ist es ein weiterer Hinweis der Götter?

Leicht aufgerundet entspricht die obige Differenz ganzen anderthalb Gradminuten. Auch das ist wieder winzig. Außerdem erinnert es daran, dass die Giseh-Pyramiden 1,5 Gradminuten südlich des 30. Breitengrades zu finden sind. Die anderthalb Gradminuten entsprechen dabei grademal 0,0833 Prozent oder 833 Millionstel. Auch wenn wir dann mit dem 10-fachen Wert – also mit 0,833 – rechnen müssen, wird uns diese

Zahl und ihr Reziprokwert 1,2 später noch öfters begegnen. Nicht nur im ägyptischen Giseh. Auch diese Zahlen waren bei den Göttern beliebt.

Bevor wir jedoch direkt nach Teotihuacan kommen, führt die Spur erst einmal noch woanders hin – nämlich zu ein paar Verhältnisgleichungen. Aus den Gedankengängen ergeben sich ein paar sehr spannende Zusammenhänge, von denen mir mehrere seit den Arbeiten an "Wenn die Erde eine Kugel wäre …"[49] bekannt sind, die bisher aber noch nicht richtig eingeordnet werden konnten. Beispielsweise ist das folgende Verhältnis außerordentlich bemerkenswert:

Der Breitengrad, auf dem die sogenannte "Cheops"-Pyramide steht, verhält sich genau so zum 30. Breitengrad, wie dieVakuum-Lichtgeschwindigkeit zu 300.000 km/s - und dies wiederum verhält sich so, wie der doppelte Abstand der "Cheops"-Pyramide von der Äquatorebene zum Äquatorradius der Erde.

Als Formel geschrieben, sieht das so aus:

$$\frac{29° 58' 45''}{30°} = \frac{299.792,46 \text{ km/s}}{300.000 \text{ km/s}} = \frac{C_{Gi}}{R_{\ddot{A}}} = \frac{6373,7 \text{ km}}{6378,4 \text{ km}} = 0,9993082$$

Die Abweichungen bzw. "Ungenauigkeiten" sind auch hier wieder winzig und ergeben sich ausschließlich aus minimalen Rundungsfehlern von Messungen und Berechnungen. Sie liegen oft im Bereich von unter Zehn Millionsteln, womit ein handelsüblicher "Zufall" praktisch ausgeschlossen wird, zumal ja mehrere Einzelfakten beteiligt sind.

Es wird aber klar ersichtlich, dass der Abstand des Standortes von Giseh - von ca. 1,5 Gradminuten zum 30. Breitengrad - garantiert kein Zufall ist, sondern direkt auf den minimalen Unterschied zwischen Lichtgeschwindigkeit und runden 300.000 km/s zurückzuführen ist. Der interessierte Leser möge sich bitte auch an den vermeintlichen "Zahlenzauber" mit der 39,37 u.a. erinnern, der denselben Sachverhalt

---

[49]   [5]

festschreibt und damit redundant absichert. Auch existieren innerhalb der Schnittebene Giseh-Teotihuacan noch weitere höchst interessante Verhältnisse derselben Art, die exakt zum selben Ergebnis führen[50].

An dieser Stelle muss noch ein Verhältnis genannt werden, dass uns einerseits direkt von Giseh nach Teotihuacan führt, andererseits aber zur direkten Erklärung der Herkunft des Winkels von 43,38111 Grad – der Abweichung der Giseh-Pyramiden-Diagonale von der Nordrichtung – beiträgt. Es lautet:

> Der Quotient aus dem Hunderttausendfachen des Längengrad-Abstandes zwischen Giseh und Teotihuacan[51] und der Lichtgeschwindigkeit entspricht dem Winkel zwischen geographischer Nordrichtung und der Pyramidendiagonalen der "Cheops"-Pyramde, abzüglich 1,5 Gradminuten.

Oder als Formel:

$$\frac{\text{Giseh-Teotihuacan} \times 100.000}{\text{Lichtgeschwindigkeit}} = \frac{129{,}975 \times 100.000}{299.792{,}46 \text{ km/s}} = 43{,}354993$$

Die Abweichung beträgt auch hier wieder
43,381111 - 43,354993 = 0,026118 = 00° 01' 34,02"
Es ist davon auszugehen, dass diese Abweichung auch an dieser Stelle bewusst und absichtlich eingebaut wurde. Sie kommt einfach zu oft vor, als dass sie zufällig auftauchen könnte – und sie hat einen Grund dafür.

Ich sehe schon jetzt amüsiert meine Kritiker mit verkrampften Händen die Ohren über dem Kopf zusammenschlagen und hysterisch kreischen:
"Was für eine gewaltige Ansammlung von dummen Zufällen …"
Huuuaah. Nobody is perfect!

---

[50]   [5]
[51]   Abstand zwischen "Chefren"-Pyramide und Sonnenpyramide
        = exakt 129° 58' 26,8" = 129,974111°; gerundet 129,975°

Ach ja. Beinahe hätte ich vergessen nochmal daran zu erinnern:

Die längengradmäßige Entfernung zwischen dem nordafrikanischen Giseh und dem mexikanischen Teotihuacan ist ja auch nur anderthalb Gradminuten geringer als glatte 130 Längengrade. Die 1,5 Minuten werden wohl doch kein Zufall sein. Sowas aber auch …

Abb. 34: *Teotihuacan – Die Großstadt der Götter*

Ein Blick von der Mondpyramide auf die Sonnenpyramide und den Komplex der "Straße der Toten". Laut Frühgeschichtswissenschaft ist Teotihuacan eine "typische Steinzeitsiedlung" von vor ungefähr 2000 Jahren. Metallwerkzeuge wurden jedenfalls noch nicht gefunden.
Stellen Sie sich so die Ruinen einer Steinzeitsiedlung vor?
Auf jeden Fall stand diese grandiose Metropole der Frühzeit in direkter mathematischer und naturwissenschaftlicher Verbindung mit dem mehr als 13.000 Kilometer entfernten Giseh. Quer über den Atlantischen Ozean. Und die Datierung ist auch falsch. Nachweisbar.

39,73 und Co. – Der Anfang vom Ursprung

Um die Frage nach der Herkunft der 39,37 und ihrer engen Verwandten zu beantworten, müssen wir zunächst zu unseren geometrischen Erhebungen und Zahlendefinitionen zurückkehren – zu unserem Einheitskreis mit Einheitsstreckenkreuz und zwei Sechsecken.

Leider kommen wir nun um einige Berechnungen nicht herum. Schließlich muss zwingend gezeigt werden, dass sämtliche Ermittlungen korrekt sind. Ansonsten würden mir einige meiner Kritiker dieses Buch am Ende um die Ohren hauen. Aber: Pech gehabt, liebe Kritiker! Hier wird nicht geschummelt …

Es sind nur ein paar wenige Rechenschritte. Die Mehrzahl davon dient der Berechnung der exakten Seitenlängen einiger Dreiecke, die sich aus der Konstruktion des Einheitskreises mit zwei Sechsecken ergeben. Das Wichtigste dabei ist die Ermittlung der Strecke x. Die Länge dieser absolut eindeutig und maßeinheitenunabhängig festgelegten Strecke, beinhaltet die Lösung des Zahlenrätsels. Jedoch nicht direkt. Bis jetzt jedenfalls noch nicht. Vielleicht ist das von den Göttern seit je her so beabsichtigt gewesen. Vielleicht habe ich aber nur die richtige Abzweigung verpasst und musste deshalb einen riesigen Umweg von mehr als 25.000 Kilometern machen: von Giseh in Ägypten nach Teotihuacan in Mexico – und wieder zurück. Vor die "Reisebeschreibung" haben die Götter jedoch die Rechnerei gesetzt. Aus diesem Grunde folgen nun erst einmal ein paar Rechenschritte am Einheitskreis.

Die verwirrende **Abbildung 35** zeigt einen vergrößerten Teilabschnitt (ein Viertel) des Einheitskreises mit zwei Sechsecken. Wenn man weiß, dass ein Vollkreis 360° beinhaltet und die Summe der drei Innenwinkel in einem Dreieck stets 180 Grad beträgt, ist die Ermittlung der Winkel des Einheitskreises sehr einfach. Man fängt bei den gleichseitigen Dreiecken[52] eines Sechseckes an und dröselt den ganzen Rest nacheinander auf. Das ist überhaupt kein Problem.

---

[52]   Gleichseitiges Dreieck: 3 x 60° = 180° ; Alle Seiten sind gleich lang.

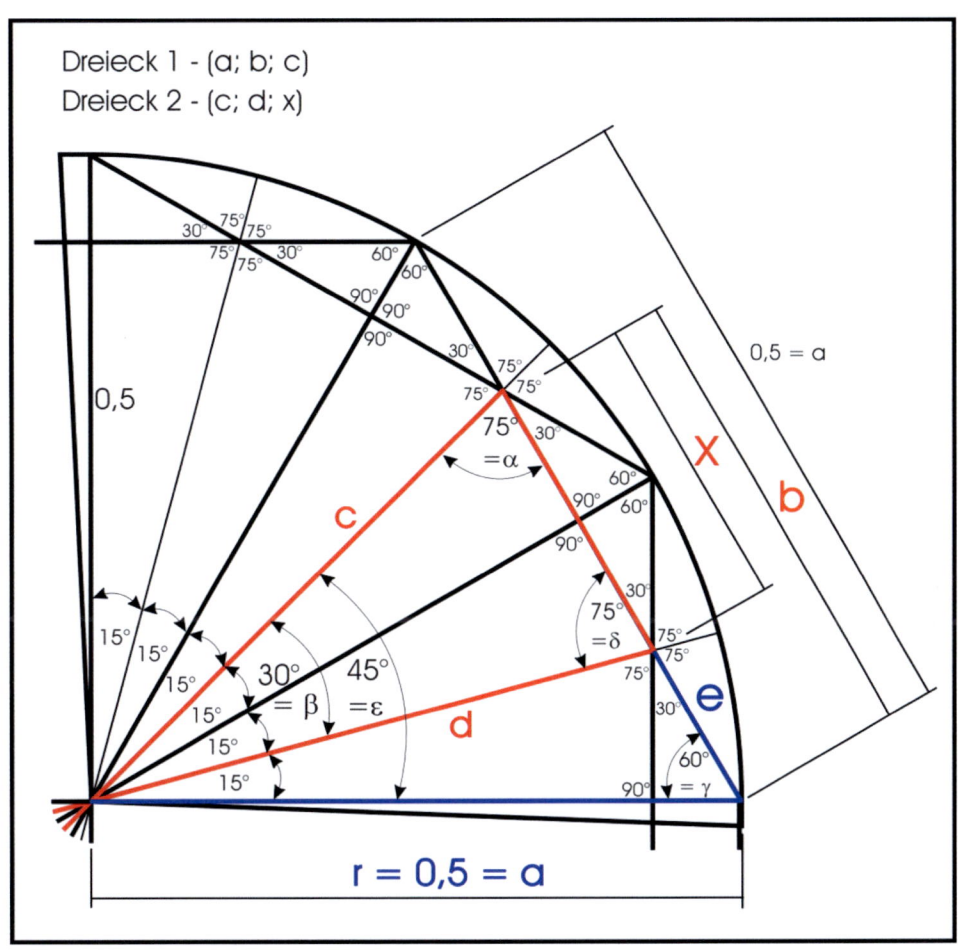

Abb. 35: *Ein Viertel des Einheitskreises mit zwei Sechsecken*

Ein klein wenig komplizierter wird es, die Längen der Dreiecksseiten zu bestimmen. Doch mit dem Sinussatz ist auch das relativ einfach. Ausgangspunkt ist hier die Strecke a. Diese entspricht der halben Länge[53] einer Einheitsstrecke[54] sowie dem Radius r des Einheitskreises. Sie hat eine Länge von 0,5. Längenmaßeinheiten gibt es bei dieser Berechnung

---

53   Halbe Länge einer Einheitsstrecke => a = r => Länge und Zahlenwert = 0,5

54   Einheitsstrecke => Länge und Zahlenwert = 1

nicht. Sie ist eine universelle Rechnung, die auf den Verhältnissen zwischen Einheitsstrecke und Einheitskreis beruht. Auch ihre Ergebnisse sind wieder allgemeingültige Verhältniszahlen, die keiner Maßeinheit bedürfen. Die Rechnung ist für sämtliche Längenmaßeinheiten gleichermaßen gültig. Die Götter wussten das.

In jedem Einheitskreis mit zwei Sechsecken kommt die Strecke x zwölf-mal vor. Zweimal ganz, plus zwei halbe Male – zusammen also dreimal je Viertel des Kreises. Um die Länge der Strecke x zu ermitteln, müssen zwei Dreiecke berechnet werden. Zuerst das "Dreieck 1 (a; b; c)" und danach das gleichschenklige "Dreieck 2 (c; d; x)". Die Winkelmaße können bei Bedarf der **Abb. 35** entnommen werden. Die Grundlage der Berechnung zweier Strecken von "Dreieck 1" ist der Sinussatz. Für dieses Dreieck lautet er folgendermaßen:

$$a : \sin \alpha = b : \sin \varepsilon = c : \sin \gamma$$

Daraus leiten sich ab:

$b = 0,5 * \sin 45° : \sin 75°$ $c = a * \sin 60° : \sin 75°$
$b = 0,5 * 0,7071067 : 0,9659258$ $c = 0,5 * 0,8660254 : 0,9659258$
$b = 0,3660254$ $c = 0,4482877$
==========   ==========

Das war's schon für "Dreieck 1". Für "Dreieck 2" lautet der (verkürzte) Sinussatz:

$$c : \sin \delta = x : \sin \beta$$

Die Strecke x errechnet sich demzufolge:

$x = c * \sin 30° : \sin 75°$
$x = 0,4482877 * 0,5 : 0,9659258$
$x = 0,2320507$
==========

Mit der ermittelten Länge der Strecke x können wir in diesem Fall die Dreiecksberechnung schon abschließen. Die Strecke x ist also geringfügig kürzer als ein Viertel einer Einheitsstrecke mit einer Länge und dem Zahlenwert von 1. Doch was sagt das aus?

Mit 39,37 oder den anderen genannten Zahlen scheint das erst einmal nichts zu tun zu haben. Doch wie so oft, trügt der äußere Schein. Um den Zusammenhang ersichtlich zu machen, ist noch ein weiterer Rechenschritt erforderlich. Dieser erscheint aus heutiger mathematischer Sicht wieder einmal reichlich ungewöhnlich. Die Pyramidenplaner haben so etwas allerdings öfters gemacht. Allem Anschein nach, um einem nichtsahnenden Zahlenschnüffler Eselsbrücken zu bauen und um allgemeingültige Hinweiszeichen in die verworrene mathematische Landschaft zu stecken.

Was folgt, ist die merkwürdige Ermittlung des "Sinus einer Strecke". Um das hinzukriegen, muss die Strecke zunächst in einen Winkel umgewandelt werden:

$$x = 0{,}2320507 ==> \ 23{,}20507° ==> \sin 23{,}20507° = 0{,}394023$$
$$=========$$

Auch diese Zahl scheint mit 39,37 und Co. nicht viel zu tun zu haben. Sie erinnert zwar an den Umrechnungsfaktor zwischen Zoll und Zentimeter[55], doch allzu groß ist die Ähnlichkeit nicht. Die "37" fehlt völlig.

Betrachtet man den Umrechnungsfaktor 0,3937 als Sinus eines Winkels, dann beträgt dieser Winkel 23,184921 Grad. Dieser Winkel erinnert zwar ebenfalls wieder an die Strecke x, aber wie immer, ist knapp daneben auch vorbei.

Trotzdem beinhaltet die Zahl 0,3940232 - und damit die Strecke x des Einheitskreises - die mathematische Lösung des Rätsels. Sie stellt damit die Verbindung zwischen Einheitskreis, Lichtgeschwindigkeit, Pyramiden, realer Welt und Universum dar. Oder anders ausgedrückt: Sie ist eine Direktverbindung zwischen uns und dem Werk der Götter – so abstrus das auch erscheinen mag.

---

[55] Umrechnung von Zoll in Zentimeter: 1 Zoll : 0,3937 = 2,54… cm

Die gordischen Verwicklungen zu entknoten, die all diese Zahlen miteinander verbinden, war gar nicht so einfach. Stundenlang tippte ich auf dem Taschenrechner herum, ohne auch nur die Spur eines Lösungsansatzes zu finden. Am Ende probierte ich wahllos alles durch, was mir gerade in den Sinn kam. Plus, Minus, Division und Multiplikation, Potenzen, Wurzeln, Winkel- und andere Funktionen, … und weiß der Teufel, was noch.

Nichts.

Keine Spur von einem neuen Anfang. Hier schien Schluss zu sein, mit dem Zahlenzauber. Ich wollte schon vorläufig aufgeben, da zeigte sich im Display des Taschenrechners die 354,33. Über eine ganz ähnliche Zahl war ich schon einmal gestolpert – und zwar beim Schreiben meines Buches "Wenn die Erde eine Kugel wäre … Erster Nachweis einer uralten globalen Hochkultur"[56]. Schon damals bin ich an dieser Stelle nicht wirklich weiter gekommen. Diesmal musste die Hürde fallen!

Die Zahl beinhaltete die Erinnerung an einen alten kleinasiatischen Kalender, der das Jahr mit 354 Tagen rechnete. War dieser Kalender das Relikt einer Erinnerung an die Zukunft?

Verdammt!

Wie war ich bloß auf die 354,33 gekommen?

Ach ja – 39,37 mal 9 ist gleich 354,33. Das war's.
Die Neun und die 354 zeigten wieder den Weg zu den Pyramiden von Teotihuacan, in Mexiko.

Gab es in Teotihuacan nicht ein global gespanntes Neuneck? Ein globales Neuneck, für dessen Existenzbegründung zwar einige Vermutungen vorlagen, für das aber trotzdem noch kein so rechter Sinn erkannt worden war?

Von mir höchstpersönlich selbst entdeckt?

Und war da nicht auch eine Fünfkommanochwas übrig, mit der man nichts Rechtes anfangen konnte?

---

[56]   [5]

Diesmal war es anders. Eine etwas andere Blickrichtung auf eine alte ungelöste Frage, und schon nähert man sich manchmal einem brauchbaren Resultat:

360 Grad minus 354,33 ist gleich 5,67. Das ist der Neigungswinkel der Schnittebene Giseh – Teotihuacan. Zur Abwechslung mal in Giseh installiert. Was für eine angenehme Überraschung. Ich war auf der richtigen Fährte. Die Spur führte wieder einmal auf die andere Seite des Erdballs. Der bereits nachgewiesene Fakt, dass Giseh und Teotihuacan in geometrisch-mathematisch-naturwissenschaftlicher Verbindung stehen, bestätigt sich immer wieder. Auch wenn's Keinem so recht gefällt. Außer mir natürlich. Und ein paar anderen Spinnern.

Und dann fiel es mir wie Schuppen von den Augen: Die Zahl 39,37 ist ein direkter Hinweis auf den Breitengrad von Teotihuacan[57] und damit auf das astronomische Phänomen namens Präzession. Ich schrieb bereits ausführlich darüber[58]. Allein damit ist die direkte und vorsätzliche Rückkopplung zwischen Giseh und Teotihuacan bewiesen. Man kann es schließlich nachrechnen. Die Ergebnisse sind anstandslos reproduzierbar. 39,37 Grad sind selbstverständlich nicht der Breitengrad, auf dem Teotihuacan steht. So einfach wollten es die Götter nun wirklich nicht machen. Man muss schon noch drauf kommen, dass man die Zahl durch Zwei teilen muss. Das hängt damit zusammen, dass man den Abstand von Teotihuacan zur Äquatorebene verdoppeln muss, um zur Präzession zu gelangen. Die Rechnung ist umkehrbar. Genau wie in Giseh.

Teilt man die 39,37° durch Zwei, erhält man 19,658° oder 19° 41' 6", was dasselbe ist - nur in anderer Schreibweise. Bei Wikipedia erhält man als allgemeine Angabe für Teotihuacan einen Breitengrad von 19° 41' 30". Das ist durchaus korrekt.

Doch wie auch Giseh, belegt Teotihuacan eine ziemlich große Fläche. Mit dem obigen Breitengrad von 19,658° (= 19° 41' 6") landet man auf einem Fleckchen zwischen Sonnen- und Quetzalcoatl-Pyramide. Also mittendrin, im maßgeblichen Bereich der Totenstraße und des

---

57   [5]
58   [9]

Stadtzentrums von Teotihuacan. Das ist als ein weiterer Hinweis anzusehen, dass die bisherigen Gedankengänge richtig waren.

Es stellt sich jedoch immer noch die Frage, was nun die 39,37 - und damit der Standort von Teotihuacan - mit dem "Sinus der Strecke x" aus dem Einheitskreis zu tun haben soll?

Seinerzeit, bei den Arbeiten zu "Wenn die Erde eine Kugel wäre", hatte ich mit dem Wert 19° 41' 33" (= 19,6925 Grad) gerechnet. Dort steht die Sonnenpyramide, das zentrale Hauptbauwerk von Teotihuacan.

Multipliziert mit Zwei ergibt das 39,385°. Man landet also um 0,015° neben der 39,37. Diese winzige Differenz verhinderte - über ein Jahr lang - das Erkennen des Zusammenhangs zwischen 39,37°, Teotihuacan, dem Einheitskreis, der Präzession, … und dem ganzen umfangreichen "Rest".

Nun revanchiert sie sich allerdings in ausgesprochen positiver Manier und ermöglicht, das Wechselspiel zwischen 39,37 und der Strecke x aus dem Einheitskreis zu entblättern.

Das Prinzip ist fast genau dasselbe wie in Giseh. Dort wurde eine etwas größere künstliche Differenz[59] in das Gesamtkunstwerk eingebaut, um auf die minimale Differenz zwischen Lichtgeschwindigkeit und dem glatten Wert von 300.000 aufmerksam zu machen und somit eine "zufällige" Abweichung ad absurdum zu führen.

Dito in Teotihuacan. Die Götter wussten, dass spätere Zahlenschnüffler vom Hauptbauwerk ausgehen würden. Wovon auch sonst, wenn nicht von der riesigen – alles beherrschenden – Sonnenpyramide? Sie wussten, dass spätere Generationen erst einmal Schwierigkeiten haben würden hinter den Dreh zu kommen. Doch sie legten genügend viele Brotkrümel auf den Weg, damit die Spur auch nach Jahrtausenden noch aufgenommen werden konnte.

Lange Rede, kurzer Sinn. Das Theater mit den Differenzen zwischen 39,37 oder 0,3937[60] und 0,3940232 brachte mich auf den

---

[59] Erste Differenz in Giseh: 360° x 0,6868… = 247,26526; führt zur zweiten
      Differenz 39,73, die ihrerseits auf die Zahlendreherei mit 39,37 u.a. hinweist
[60] Umrechnungsfaktor 100 => 0,3937 mal 100 = 39,37

Gedanken, dieselbe Rechnung wie oben einfach rückwärts zu rechnen. Warum auch nicht? Mit den Werten, die ich einst für die Sonnenpyramide erhalten hatte.

Neun mal 39,385° ergibt nämlich 354,465°; und 360 Grad minus 354,465° ist gleich 5,535°, womit ich seinerzeit nicht allzu viel anfangen konnte. Das ist, wie bereits gesagt, nur die Hinweisdifferenz.

Rechnet man mit dem tatsächlichen Wert des "Sinus der Strecke x" landet man wieder schnurstracks in der Zahlendreherei. Das ist zwar absolut bemerkenswert, aber garantiert kein noch so zufälliger Zufall. Das ganze sieht dann so aus:

$$0,394023 * 100 = 39,4023$$
$$9 * 39,4023 = 354,6207$$
$$360° - 354,6207 = 5,\mathbf{3793}$$
$$=======$$

Damit ist die Verbindung zwischen dem "Sinus der Strecke x" und der Zahlendreherei mit der 39,37 eindeutig hergestellt. Damit ist aber auch die Verbindung zwischen dem Einheitskreis und dem Standort von Teotihuacan, der Lichtgeschwindigkeit, dem Standort von Giseh, einer Reihe von globalen Maßeinheiten, der Schnittebene Giseh-Teotihuacan … der Präzession und dem Universum hergestellt und schlüssig nachgewiesen.

Ich bin davon überzeugt, dass mit der Zeit noch viel mehr Zusammenhänge auftauchen werden. Ob nun in Giseh, Teotihuacan oder anderswo. Die Götter haben alles doppelt und dreifach abgesichert und mehrmals über den gesamten Erdball verstreut. Praktisch unzerstörbar, es sei denn, man sprengt den ganzen Planeten ins Vakuum und zerstäubt seine Einzelteile im Sonnensystem und dem Rest der Galaxie. Es ist unglaublich, aber wahr.

Fürs Erste bleibt hier nur noch mitzuteilen, wo sich der "reale Ort des Sinus der Strecke x aus dem Einheitskreis" befindet. Der ist nämlich auch in Teotihuacan zu finden. Nur ein paar Meter von der Mondpyramide entfernt. Heute befindet sich dort so etwas wie ein Parkplatz mit ein paar Wirtschaftsgebäuden. Was wohl früher dort stand, als die Spanier das Land noch nicht verwüstet hatten?

360 Grad? – Auf nach Gallien!

Es gibt ein Thema, über das ich schon seit vielen Jahren nachdenke. Immer wieder stolperte ich darüber, ohne bisher eine Lösung gefunden zu haben.

Wo kommt unser 360°-Grad-Winkelsystem her?

Die herkömmliche Auffassung – die Sumerer und Babylonier hätten es dem Sonnenjahr nachempfunden, die Ägypter hätten es übernommen, und dann hat es sich eben über den ganzen Globus verbreitet und zufällig bis in unsere Zeit erhalten – ist nicht befriedigend. Ich denke sogar, dass sie falsch ist, obwohl ich eine entfernte Beziehung zum Umlauf der Erde um die Sonne nicht ausschließen mag.

Ich denke, unser Winkelsystem stammt vom Einheitskreis, den dortigen Zifferndefinitionen und der Lichtgeschwindigkeit ab. Die außerirdischen Götter haben's wohl schon mitgebracht, bevor sie uns schufen. Wie ich darauf komme, ist schnell erzählt …

Im Westen Frankreichs, an der Atlantikküste, gibt es einen kleinen Golf. Eine Meeresbucht, die wohl erst durch das Ende der letzten Eiszeit entstanden ist. Er ist nicht übermäßig weit von dem Dorf entfernt, dass sich als Letztes erfolgreich gegen die Römer wehrte. In dem kleinen Golf gibt es eine noch kleinere Insel. Das Eiland ist nur ein paar hundert Meter lang und gut halb so breit, wie es lang ist. Das Inselchen – und überhaupt die ganze Gegend dort – ist mit Hinkelsteinen aller Art nur so vollgepackt. Obelix muss in seiner Glanzzeit seeehr fleißig gewesen sein.

Das war aber wohl lange bevor ihn die Römer andauernd bei seiner Arbeit störten.

Ich kenne das Inselchen bisher nur aus den Büchern und Filmen Erich von Dänikens[61]. Er hat schon mehrfach darüber berichtet. Darauf gestoßen ist er durch die Arbeit eines anderen Mannes, der ebenfalls ein Buch über die Insel geschrieben hat[62].

Was mag an dem winzigen Hügel im Meer wohl so besonders sein, dass viele Bücher darüber geschrieben und mehrere Filme produziert wurden und auch weiterhin werden?

Lassen Sie es mich Ihnen[63] verraten, lieber Leser: Auf Gavrinis – so heißt das Inselchen - befindet sich ein sogenanntes Ganggrab. Es ist zwar einigermaßen unwahrscheinlich, dass dieses sogenannte Ganggrab jemals als "Grab" gebaut wurde, aber es wird trotzdem noch so genannt.

Viel wahrscheinlicher ist, dass sich Obelix dort unterstellte, wenn er beim ständigen Hinkelsteineschleppen vom Unwetter überrascht wurde. Und wenn dann Asterix auch noch dazu kam, haben sie gemeinsam an ihre aufregenden Abenteuer in fernen Ländern gedacht, Geschichten erzählt, mit Faustkeilen abwechslungsreiche Muster in die Wände gekratzt und Spiele gespielt. Zahlenspiele selbstverständlich. Wie es allerorten in der Steinzeit üblich war. Was denn sonst für welche?

Lange Zeit nach den beiden echten Galliern kam ein Mann namens Gwenc'hlan Le Scouezec in das Gebiet mit den vielen Hinkelsteinen, in der Nähe des kleinen Inselchens, im kleinen Golf am großen Ozean. Er sah das Eiland und untersuchte es gründlich. Sehr gründlich. Dabei fiel ihm auf, dass irgendetwas nicht normal war. Anders als alles, was er bis dahin kannte. Er war auf die Überbleibsel der Zahlenspiele von Asterix und Obelix gestoßen. Überall auf der Insel, insbesondere jedoch in dem sogenannten Ganggrab. Es musste einst sehr viel geregnet haben …

---

[61]   [10; 11; 12; u.a.]
[62]   [13]
[63]   falls Sie es nicht längst wissen

77

Le Scouezec prüfte, ob die beiden Erzgallier richtig gerechnet hatten – und kam zu dem Schluss, dass das der Fall war. Um nicht wieder alles zu vergessen, schrieb er auf, was er herausgefunden hatte und veröffentlichte sämtliche Erstaunlichkeiten in seinem Buch, dessen Titel man vielleicht mit "Steinzeitliches Gallien"[64] übersetzen könnte.

Irgendwann bekam Erich von Däniken dieses Buch in seine Gewalt und berichtete wie ein Journalist über die Erkenntnisse Le Scouezecs. Da EvD weltweit recht bekannt ist, verbreitete sich das Wissen Le Scouezecs über Gavrinis, wie ein Lauffeuer um den Globus.

Das rief natürlich die Kritiker auf den Plan. Schließlich konnte nicht sein, dass Hinkelsteine-Schlepper Mathe-Asse waren. Etliche der Damen und Herren aus der Kritikbranche gingen sach- und fachgerecht zu Werke, so wie das sein soll. Einige aber waren von der schlimmsten Sorte. Es waren – und sind – diejenigen, die einen unheiligen Krieg gegen alle Meinungen und Fakten führen, die ihrer eigenen Meinung widersprechen. Mit fast allen Mitteln. Frei nach dem Motto: Es kann nicht sein, was (unserer eigenen Meinung nach) nicht sein darf.

Dass sie damit die Kritiker im Allgemeinen, die Religionen, die Wissenschaften und wer-weiß-wen-noch in ein völlig falsches Licht rücken, ist ihnen egal. Nur ihre Meinung und ihre Interessen zählen. Und die schwere Behinderung der Verbreitung unangenehmen Wissens, das noch unangenehmere Fragen nach sich ziehen könnte.

Anscheinend kann ja heutzutage noch jeder herausfinden und entdecken, was ihm gefällt. Aber die Verbreitung von Wissen, dass unseren angestammten Geschichtsbildern widerspricht, ist nicht erwünscht. Es könnten sich ja Veränderungen daraus ergeben …

Was ist das nur für eine Welt, in der wir leben?
Jedenfalls bekam nicht der Urheber die Dresche, sondern der Verbreiter. Das ist schon komisch. Genutzt hat es aber wenig. Zu Recht ist Gavrinis auch heute noch im Gespräch. Und das wird wohl auch so bleiben.

Worum geht's dabei?

---

[64]   [13]

Gallische Zahlenspiele

Das Innere des sogenannten Ganggrabes – EvD nennt es treffender Zahlentresor – wurde aus Megalithen erbaut. Megalithen sind große Steine. Insgesamt soll es wohl 52 Stück im "Ganggrab" geben. Etliche davon dürften mehrere Tonnen auf die Waage bringen. Aus diesen großen Steinen wurde ein etwas mehr als 13 Meter langer Gang, an dessen Ende sich eine kleine Kammer befindet, errichtet. Um dieses Gebilde herum, wurden nun zahllose kleine Steine aufgeschichtet, und das Ganze zu einem halbwegs kreisrunden Bauwerk geformt. Das Gebäude wurde anschließend mit Erde überdeckt, damit eine natürliche Bewachsung Schutz und Tarnung bieten konnte.

Abb. 36: Der Eingang zum "Ganggrab" von Gavrinis

Das wichtigste an dem Objekt sind die Megalithen im Innern, aber auch seine vielfältigen Beziehungen und Verbindungen zu ebenfalls megalithischen Anlagen in der näheren und weiteren Umgebung.
Früher gehörte Gavrinis zum Festland. Das war wohl noch während der Eiszeit, als viel Wasser in den riesigen Eisgebieten der übergroßen

Polkappen gebunden war und der Wasserspiegel der Meere und Ozeane um etliches tiefer lag. Da Gavrinis heute noch als Insel aus dem Wasser ragt, muss es auch früher schon höher als seine direkte Umgebung gelegen haben. Das heißt, die heutige Insel war früher ein Hügel in Küstennähe. Vielleicht wurde er sogar von Menschenhand zusammengekarrt, um dem späteren Zahlentresor auf seinem Gipfel eine sichere Heimstatt zu bieten? Auf jeden Fall existieren überall in der Umgebung megalithische Strukturen. Ein Teil davon, heute auch unter Wasser.

Die Hälfte der Megalithen im Innern des Rundbaues (26 Stück) sind mit tief eingravierten Mustern übersät, die nur schwer gedeutet werden können. Nach Wikipedia soll eine Fläche von rund 60 Quadratmetern verziert sein: Mit überdimensionalen Fingerabdrücken, Schlangen, Spiralen Dolchen, Halbkreisen, Fischgrätenmustern, … usw.

Einen Teil davon entschlüsselte Le Scouezec. Schon dieser Teil ist beeindruckend und gewaltig. Im Zentrum der Erkenntnisse steht wohl ein Stein, auf dem 18 steinbeilähnliche Ornamente abgebildet sind. Diese sind geordnet und in Gruppen sortiert. Nach Scouezec stellen diese geordneten Muster Zahlen dar, mit denen man so allerhand ausrechnen kann. Auch in Verbindung mit anderen Mustern, anderen Steinen und anderen Bauwerken megalithischer Herkunft.

Ich kann und möchte hier nicht auf alle Einzelheiten eingehen. Das können Sie – Lieber Leser – viel besser bei Erich von Däniken nachlesen – oder direkt bei Scouezec, sofern Sie des Französischen mächtig sind[65].

Hier soll nur auf einige wenige Aussagen EvD's zurückgegriffen werden, die mit dem Einheitskreis und all dem Anderen - im hiesigen Buch aufgeführten - in direkter Verbindung stehen. Ja, ganz offensichtlich hatten die alten Ägypter auch in Gavrinis ihre Finger und Gehirnzellen im Zahlen-Spiel. Oder ihre Götter. Letzteres ist wahrscheinlicher, denn Gavrinis soll wohl schon länger existieren als die ägyptischen Pyramiden.

---

[65]   [10 bis 13]

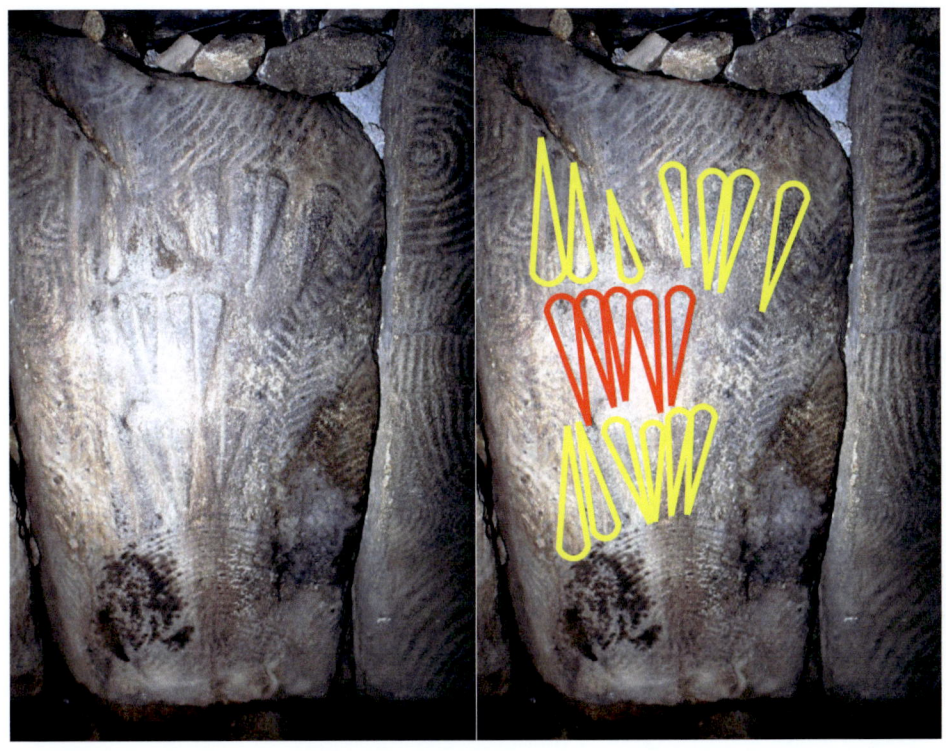

Abb. 37 und 38: *Stein Nr. 21 im "Ganggrab" von Gavrinis*

Für die Zusammenhänge in diesem Buch sind die 18 abgebildeten "Steinbeile" auf Megalith Nr. 21 von besonderer Wichtigkeit. Sie sind in drei Linien untereinander angeordnet:

Obere Linie :	3 und 4
Mittlere Linie :	5
Untere Linie :	2 und 4

Diese Ziffern können jetzt unterschiedlich zusammengefasst werden. Erich von Däniken nennt hauptsächlich eine Variante, und zwar dass die Ziffern als 3 ; 4 ; 5 und 6 gelesen werden – also, dass in der untersten Reihe 2 und 4 zur 6 zusammengefasst und gemeinsam betrachtet werden.

Bleiben wir also erst einmal dabei. Alle ursprünglichen Aussagen hierzu entstammen der Feder Gwenc'hlan Le Scouezecs bzw. Erich von Dänikens. Ich möchte nur ein wenig ergänzen.

3 mal 4 mal 5 mal 6 ergibt 360.

Ich denke, dass einst aus dieser Multiplikation unser 360-Grad-Winkelsystem abgeleitet wurde. Lange vor den Sumerern, Babyloniern und wie sie alle heißen. Von wem genau, weiß ich allerdings noch nicht. Eigentlich kommen jedoch nur die einstigen Götter infrage.

Ich denke, dass diese Multiplikation direkt dem Einheitskreis und den aus ihm hervorgehenden Zahlen entstammt, wobei die Zahlen bei 1 anfangen sollten. Die Zahl 1 würde hierbei dem Stein selbst entsprechen, auf dem die anderen Zahlen abgebildet sind. Der Stein bildet also die Basis, auf dem alles Andere aufbaut – genau so, wie die Einheitsstrecke mit Länge und Zahlenwert 1 im Einheitskreis. Etwa so:

$1 = 1$
$1 \times 2 = 2$
$1 \times 2 \times 3 = 6$
$1 \times 2 \times 3 \times 4 = 24$
$1 \times 2 \times 3 \times 4 \times 5 = 120$
$1 \times 2 \times 3 \times 4 \times 5 \times 6 = 720$
$1 \times 2 \times 3 \times 4 \times 5 \times 6 \times 7 = 5040$
$1 \times 2 \times 3 \times 4 \times 5 \times 6 \times 7 \times 8 = 40.320$
…

Wie deutlich zu sehen - bzw. nicht zu sehen – ist, kommt die 360 bei dieser Aufstellung zunächst nicht vor. Sie ist aber doppelt in der 720 enthalten und logischerweise auch in allen darauffolgenden Zwischen-ergebnissen dieser Rechenfolge vertreten. Meine Vermutung geht nun dahin, dass die 720 einst als eigentliche "Grundzahl" angesehen wurde.

Die 72 - ein Zehntel von 720 - ist eine Zahl, die bei der Präzession der Erde eine bedeutende Rolle spielt. In knapp 72 Jahren dreht sich die Erdachse um 1 Grad[66]. Hier ist die enge Verbindung zur Basis – zur Eins – gegeben und widergespiegelt.

Unsere frühen Ahnen bzw. ihre Götter kannten sich – entgegen der offiziellen wissenschaftlichen Meinung – hervorragend mit der Präzession der Erde aus. In jedweder Hinsicht. Das beweisen Henochs Uhr[67] und die Schnittebene Giseh-Teotihuacan[68]. Beides wäre ohne exaktes astronomisches Wissen undenkbar gewesen. Entgegen aller scheinbaren Wissenschaftlichkeit existieren beide Phänomene trotzdem.
Überprüfbar.
Nachrechenbar.
Reproduzierbar.

In 720 Jahren dreht sich die Erdachse um zehn Grad. Könnte das ein Hinweis auf das Dezimalsystem sein?

In der 720 sind logischerweise alle natürlichen Zahlen von der 1 bis zur 6 enthalten. Sie ist ja aus ihnen zusammengesetzt worden. Dazu kommen noch ein paar mehr, die letztendlich dem Einheitskreis samt Sechsecken entspringen. Genannt seien nur die 8, die 9 die 12, die 18, und die 36. Damit sind

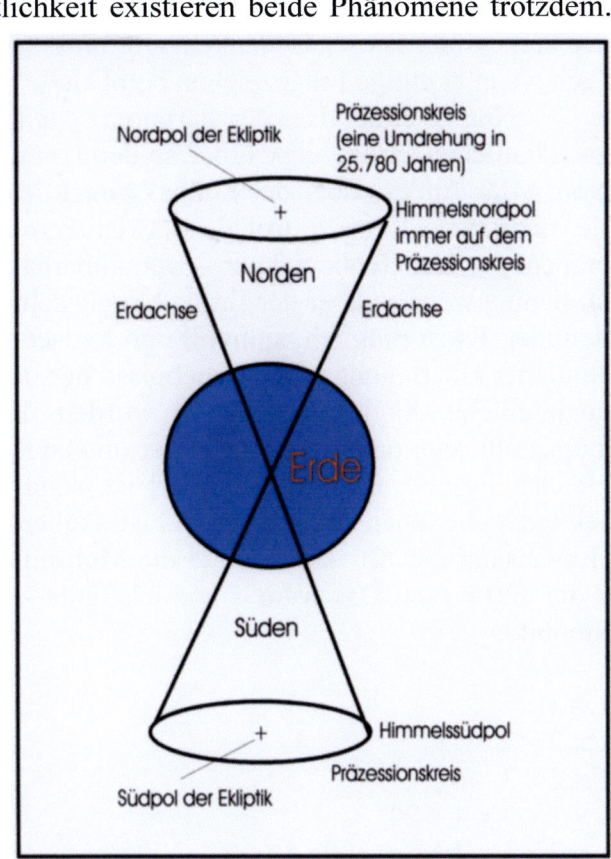

Abb. 39: *Die Präzession der Erde*

66   Die 72 ist eine Rundung. Ein exakterer Wert sind 71,611 Jahre/1°
67   [9]
68   [5]

jegliche Eigenschaften, die diese Zahlen von zu Hause aus mitbringen, ebenso in der 72 bzw. 720 enthalten …

Auf diese Fährte lockt auch der Umstand, dass die alten Ägypter (angeblich) einige Sternbilder des Nachthimmels in sogenannte Dekane einteilten. Von diesen Dekanen soll es 36 Stück gegeben haben. Sechsunddreißig mal Zehn ergibt 360 und wenn man die Zehn als 10 Grad wertet und mit jeweils 720 Jahren ansetzt, landet man wieder bei der Präzession. Dieser Gedankengang muss gar nicht mal so falsch sein, auch wenn er einige Fragezeichen beinhaltet.

Nun ist es so, dass der astronomische Prozess der Präzession zwei kreisähnliche Gebilde unsichtbar an den Himmel schreibt. Eines über der Nord-, das Andere über der Südhalbkugel des Planeten Erde. Man kann sie nicht sehen, doch trotzdem existieren sie beide. Normalerweise braucht der Planetenbewohner - wenn überhaupt - aber nur Eines davon: Dasjenige welches über der Erdhalbkugel schwebt, auf der er sich gerade befindet. Es ist möglich, sinnvoll und logisch, wenn aufgrund dieser und ähnlicher Überlegungen die Ergebnisse der obigen Zahlenreihe am Ende noch einmal durch Zwei geteilt wurden. In Gavrinis könnte das so dargestellt sein, dass die Zwei in der untersten Reihe zwar vorhanden ist, gleichzeitig aber in die 6 integriert ist, sodass sie primär nicht auffällt, sekundär aber eben doch anwesend ist. Außerdem könnte das ein direkter Hinweis auf die 720 sein, weil ja die Multiplikation der Ziffern von 1 bis 6 die 720 ergibt. Das wäre – wie ich finde – ein schönes und logisches Sinnbild.

1 = 1	: 2 = 0,5
1 x 2 = 2	: 2 = 1
1 x 2 x 3 = 6	: 2 = 3
1 x 2 x 3 x 4 = 24	: 2 = 12
1 x 2 x 3 x 4 x 5 = 120	: 2 = 60
1 x 2 x 3 x 4 x 5 x 6 = 720	: 2 = **360**
1 x 2 x 3 x 4 x 5 x 6 x 7 = 5040	: 2 = 2520
1 x 2 x 3 x 4 x 5 x 6 x 7 x 8 = 40.320	: 2 = 20.160
…	

Die durch eine Zweiteilung entstehenden Zahlen sind ebenfalls alle im Einheitskreis enthalten bzw. entspringen daraus. Besonders deutlich wird das bei der 0,5, die ja durch die gegenseitige Halbierung der Einheitsstrecken entsteht. Aber auch die 12, die den 24-Stunden-Tag in zwei Hälften teilt, erinnert an die "Halbierung" der Präzession, die beiden Sechsecke des Einheitskreises und noch vieles mehr. Zur 60 braucht man nicht viel zu sagen. Sie ist für uns auch heute noch allgegenwärtig. Man braucht nur auf das Zifferblatt einer analogen Uhr zu schauen. Ohne auch nur drüber nachzudenken, findet man dort das ganze Universum im Kleinformat. Vom Einheitskreis, über jede Menge Zahlenzauber, ... bis hin zur Lichtgeschwindigkeit ist dort alles zu finden, was der Mensch so braucht. Oder auch nicht. Und die richtige Tageszeit zeigt sie auch noch manchmal an ...

Die 360 ist – gemeinsam mit der 60 - seit ewigen Zeiten die "Grundzahl" unseres Winkelsystems. Es ist durchaus möglich, dass sie eine flüchtige Annäherung an das Sonnenjahr darstellt. Es ist aber davon auszugehen, dass sie eigentlich von der obigen 720 und vom Einheitskreis abstammt, weil diese Ableitung 1000mal logischer, universeller und allgemeingültiger ist, als die normalerweise Übliche, dass die 360 vom Jahresumlauf der Erde um die Sonne abstammt.

Die Nähe zum Sonnenjahr wäre dann ausnahmsweise tatsächlich nur Zufall bzw. eine gutgemeinte Annäherung ohne tiefere Bedeutung. Es ist aber auch durchaus möglich, dass die Differenz von rund 5,25 Tagen pro Jahr[69] noch irgendwo auftaucht und feinsäuberlich definiert ist. Vielleicht ist sie sogar schon lange aufgetaucht?

Es ist gut möglich und wahrscheinlich, dass sich die effektive Jahreslänge seit dem Pyramidenbau geringfügig geändert hat. Wir wissen aber nicht genau, um wieviel. Somit wäre es also denkbar, dass diese Differenz in einer der - oft im Zahlenreigen vorkommenden - Fünfkommanochwas enthalten ist, ohne bisher großartig aufzufallen.

Die Neigung der Schnittebene Giseh-Teotihuacan mit 5,67 Grad, die 5,3793 als Endeffekt des Zahlenzaubers mit 39,37 und noch mehrere andere 5,xxx sowie die Bestätigung des Zusammenhangs zwischen Einheitskreis und Vakuumlichtgeschwindigkeit sprechen dafür.

---

[69]   von der 360 bis zu ca. 365,25 Tagen eines Jahres => 365,25 – 360 = 5,25

Einheitskreise und Schwingungen

Zwischen der 360, der 720, dem Einheitskreis, der Lichtgeschwindigkeit, Gavrinis, … und dem Rest des Universums gibt es aber noch eine weitere Verbindung, die bisher in diesem Zusammenhang noch nicht direkt angesprochen wurde: Die Winkelfunktionen Sinus, Cosinus, Tangens, Kotangens und so weiter.

Uns interessieren hier vorläufig jedoch nur die ersten beiden: Sinus und Cosinus. Bei Tangens, Kotangens und den Anderen ist alles noch ein wenig komplizierter und soll hier nicht weiter betrachtet werden. Es würde uns an dieser Stelle erst einmal nicht weiterhelfen.

Als es am Anfang dieses Buches um den Einheitskreis ging, hatte ich das Thema Winkelfunktionen schon einmal kurz angerissen. Dort ging es um den Unterschied zwischen dem hiesigen Einheitskreis und dem Einheitskreis zur Herleitung der Winkelfunktionen. Unser hiesiger Einheitskreis hat einen Durchmesser von Eins und einen Radius von 0,5. Der Einheitskreis bei den Winkelfunktionen hat einen Radius von Eins und einen Durchmesser von Zwei. Da Durchmesser mal Pi dem Umfang eines Kreises entspricht, besitzt der Einheitskreis der Winkelfunktions-herleitung genau den doppelten Umfang wie unser hiesiger Einheitskreis. Nennen wir ihn der Einfachheit also den "doppelten Einheitskreis".

Aha: Zwei mal 360 Grad ergibt 720 Grad. Oder anders herum: 720 Grad geteilt durch Zwei ergibt 360 Grad. Damit hätten wir also schon einen einfachen deutlichen Hinweis auf einen Zusammenhang zwischen den beiden Einheitskreisen und den gallischen Zahlenspielen auf dem Stein Nr. 21 von Gavrinis.

Das ist schon mal ein Anfang. Leider aber nicht mehr. Ganz so einfach ist es nämlich leider nicht. Der doppelte Einheitskreis bei den Winkelfunktionen dient ja zur Ableitung der Winkelfunktionen aus dem Kreis. Eigentlich müsste er ja Zweiheitskreis heißen, weil sein Durch-messer zwei Einheiten lang ist und sein Umfang zwei Pi beträgt. Zweiheitskreis ist aber kein sehr schönes Wort. Schätzungsweise wird er deshalb ebenfalls Einheitskreis genannt.

Wie das mit Sinus und Cosinus funktioniert, weiß ja jeder noch aus dem Schulunterricht. Und falls nicht, sind die Zusammenhänge leicht und schnell in jedem Lexikon oder Tafelwerk nachzuschlagen. Auch Wikipedia und andere Internetseiten gewähren schnell einen guten Überblick. Winkelfunktionen beinhalten unter Anderem die mathematische Darstellung der Zusammenhänge zwischen Kreisbewegungen und den daraus hervorgehenden Schwingungen. Gehen wir also von unserem Einheitskreis aus und nähern uns langsam den Schwierigkeiten.

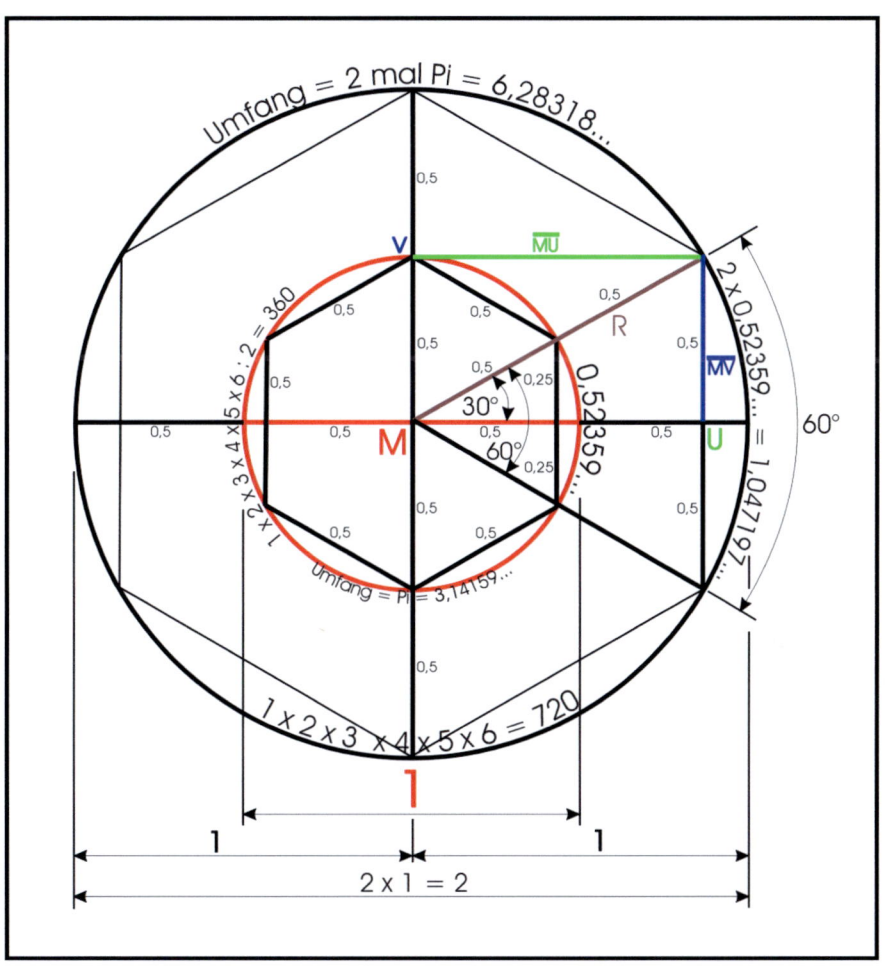

Abb. 40: *Die beiden unterschiedlichen Einheitskreise*

Abbildung Vierzig erscheint auf den ersten Blick sehr verwirrend und kompliziert. Das ist sie aber nicht wirklich. Sie zeigt die beiden Einheitskreise in einer konzentrischen Darstellung. Das heißt: Beide Kreise haben den selben Mittelpunkt. Der Durchmesser des kleinen Kreises mit Länge und Zahlenwert Eins[70] bildet die Grundlage der ganzen Figur. Daraus entwickelt sich der komplette kleine Einheitskreis mit Sechseck usw. Hieraus ergeben sich die Zahlenwerte der einzelnen Ziffern von 1 bis ultimo – je nachdem, wie weit und wie lange man das Spiel fortsetzt. Der Vorgang wurde im Kapitel "Heimfahrt-Gedanken" auf den Seiten 37 ff. ausgiebig erläutert.

Multiplizieren wir nun die einzelnen Ziffern von 1 bis 6 miteinander, erhalten wir die 720 und kommen so zum doppelten Einheitskreis. Wenn man danach fragt, warum gerade die Ziffern von Eins bis Sechs verwendet wurden, so hängt das wahrscheinlich mit dem ersten der Sechsecke zusammen, welches zur Darstellung der einzelnen Ziffern benötigt wird. Dazu kommt aber, dass sich Pi-Sechstel[71] - genau wie Pi selbst – sehr sinnvoll auf vier Stellen nach dem Komma runden läßt. Das macht Sinn beachtet zu werden, weil man dadurch eine endlose – irrationale – Zahl praxistauglich machen kann, ohne ungewollt große Fehlertoleranzen einzubauen. Darüber hinaus ergeben sich günstige Rundungsmöglichkeiten für nachfolgende Streckenverhältnisse, die aus den Berechnungen der einzelnen Teile der Sechsecke folgen. Außerdem ist 1 + 2 + 3 = 6 dasselbe wie 1 x 2 x 3 = 6, was ebenfalls eine Besonderheit der Sechs ist. Die Sechs ist also eine kleine Zahl, die durchaus verdient beachtet zu werden.

Warum ist aber der doppelte Einheitskreis doppelt? Man könnte ja auch den kleinen Kreis einfach in 720 Teile teilen und dann hätten wir eben ein 720-Grad-Winkelsystem. Das wäre sogar viel genauer als unser heutiges 360-Grad-System. Außerdem ist gut zu erkennen, dass die Dreiecke in beiden Kreisen dieselbe Form, dieselben Winkel haben. Sie sind also selbstähnlich und kongruent. Damit bleiben sämtliche Verhältnisse zwischen Strecken, Winkeln usw. völlig gleich. Wo ist also der Unterschied zwischen den beiden Einheitskreisen?

---

[70]   Die rote Strecke und der rote Kreis in der Mitte

[71]   Pi-Sechstel = Pi : 6 = 0,5236 => spätere ägyptische Königselle

Der Unterschied liegt in der Logik begründet. Will man möglichst viele naturwissenschaftliche Gegebenheiten - von Eins ausgehend – in eine geometrische Figur einbetten, kommt man um den doppelten Einheitskreis nicht herum. Die Winkelfunktionen verlangen nach ihm. Man könnte zwar die Winkelfunktionen auch aus dem kleinen Kreis errechnen, aber es würde alles viel umständlicher werden, weil ja nicht mehr mit Eins gerechnet werden könnte, sondern die 0,5 als Quotient verwendet werden müsste. Selbstverständlich könnte man das auch umdefinieren, aber dann würde man sofort wieder beim doppelten Einheitskreis landen. Lassen wir also besser die zwei Kreise so, wie sie sind. Es ist einfach praktisch bzw. praktisch einfach. Je nach dem.

Außerdem wollten die Götter offenbar die Zusammenhänge zwischen Ziffern, Strecken, Kreisen, Winkeln, Winkelfunktionen, Schwingungen und Licht in einem einzigen Komplex darstellen, um zu zeigen, dass alles in unserer Umgebung miteinander verknüpft ist.

Oder anders formuliert: Sie wollten uns klar machen, dass alles mit der Eins anfängt, um darauf aufzubauen. Auch der komplizierteste Mechanismus lässt sich demnach bis zu seinen "primitivsten" Ursprüngen zurückverfolgen und aus den einfachsten Grundbestandteilen lassen sich die kompliziertesten Gebilde zusammfügen. Derartige Gedanken sind schon fast als philosophisch anzusehen – und haben kaum noch etwas mit Mathematik zu tun. Es ist schon seltsam, wie sich langsam alles zu einer Einheit fügt.

Interessant ist bei der ganzen Geschichte um die Einheitskreise, dass die zwei konzentrischen Kreise automatisch etwas darstellen, das unserer heutigen Null doch irgendwie ähnlich sieht. Oder einer Sechskantmutter, die ja auch etwas "Nulliges" an sich hat. Ob das nun allerdings Zufall oder Absicht ist, vermag ich nicht zu sagen. Sinnvoll wäre es allemal, denn die Null fehlt ja bisher noch in unserem Zahlenreigen. Und es stellt sich die Frage, wie man etwas geometrisch darstellt, das keinen Wert und kein Aussehen hat und doch von außerordentlicher Wichtigkeit ist? Insofern ist das ein spannender Gedanke …

Ist man erst einmal dahinter gekommen, dass zwei unterschiedliche Einheitskreise notwendig sind, findet man leicht den Weg zurück zum kleinen Kreis. Man teilt einfach alles durch Zwei. Ob man dabei vom Durchmesser, Umfang, Radius, ... oder der 720 ausgeht, ist weitgehend gleichgültig. Beide Kreise korrespondieren ja hauteng miteinander. Zum kleinen Kreis kommt man immer. Und damit letztendlich zu unserem 360-Grad-Winkelsystem. Wieder zurück zur 720 natürlich auch.

Doch wie kommt man nun zu den Winkeln, ihren Winkelfunktionen und zu den Schwingungen? Auch das ist relativ einfach, wenn man weiß, wie es geht. Man muss sich nur ein wenig hineindenken.

Vorstellen kann man sich das etwa so: Der Kreis befindet sich in einem Koordinatensystem, wie es in **Abbildung 41** dargestellt ist. Sie wissen schon: Eine waagerechte X-Achse und eine senkrechte Y-Achse bilden ein Kreuz mit Pfeilen und Zahlen daran.

Der Mittelpunkt des Kreises liegt genau auf dem Koordinatenursprung. Er fällt also mit dem Kreuzungspunkt der beiden Achsen des Koordinatensystems zusammen. Aus diesem Grunde ist der Abstand des Kreisumfanges (= Radius) vom Koordinatenursprung immer Eins, was dem großen – doppelten – Einheitskreis entspricht.

Nun stellen wir uns vor, dass ein Punkt auf dem Kreisumfang um den Koordinatenursprung rotiert. Der Abstand des Punktes zum Kreismittelpunkt bleibt logischerweise ebenfalls immer gleich und entspricht dem Radius des Kreises. Punkt und Radius bilden dabei eine Einheit. Man könnte auch sagen, der Punkt auf dem Kreisumfang ist der Endpunkt des jeweils dazugehörigen Radius. Der Radius rotiert also gemeinsam mit dem Punkt. Beim großen - doppelten – Einheitskreis hat der Radius eine unveränderliche Länge von Eins. Demgegenüber verändert sich während der Rotation der Abstand des Punktes zu den beiden Koordinaten-Achsen ständig.

Jetzt stellen wir uns vor, dass der Punkt in seiner Drehbewegung öfters einmal anhält. Und immer wenn er anhält messen wir seine jeweiligen Abstände zu den beiden Achsen. Durch die gemessenen Abstände wird die Lage des Punktes auf dem Kreisumfang genau definiert. Da ja der Punkt durch die Radius-Strecke mit dem Kreismittelpunkt verbunden ist, werden somit die Winkel, die der Radius mit den Koordinatenachsen bildet, gleichzeitig mitdefiniert. Und um genau diese Winkel zwischen Radius und Koordinaten-Achsen geht es bei den Winkelfunktionen.

Die gemessenen Abstände tragen wir nun der Reihe nach in ein neues, anderes Koordinatensystem ein. Unser neues Koordinatensystem kann mit dem Ersten direkt verbunden sein, wie es in **Abbildung 42** dargestellt ist. Es kann aber auch unabhängig davon existieren. Wichtig dabei ist, dass eine Einheit des zweiten Koordinatensystems, der Einheit des ersten Koordinatensystems[72] entspricht.

Wenn wir nun die diversen Punktkoordinaten in das neue Koordinatensystem eingetragen haben, können wir diese im Anschluss mit einem Strich der Reihe nach miteinander verbinden und erhalten eine Schlangenlinie, die um die X-Achse pendelt (siehe **Abbildung 42**). Das gilt sowohl für die Sinus-, als auch für die Kosinusfunktion. Überhaupt sind sich beide Funktionen in der Darstellung ziemlich ähnlich. Der einzige Unterschied besteht darin, dass die Kosinusfunktion gegenüber der Sinusfunktion um ein halbes Pi[73] seitlich[74] verschoben ist. Aufgrund der Ähnlichkeit wurde hier auf die Darstellung der Kosinusfunktion verzichtet. Das kann man sich aber gern in jedem Lexikon anschauen.

Die einzelnen Punkte unserer Schlangenlinie kann man nicht nur messen, sondern auch ausrechnen. Das funktioniert viel genauer als das blanke Messen. Dazu benutzen wir eine Gleichung, die sogenannte Funktionsgleichung. Diese Gleichung legt fest, wie unsere Schlangenlinie am Ende aussieht.

Auch die Berechnung ist einfach: Eine normale Divisionsaufgabe. Einziger Nachteil ist, dass man relativ viele Stellen hinter dem Komma braucht, um hinterher auf den exakten Winkel zwischen Radius und Koordinatenachse schließen zu können.

Der Sinus eines bestimmten Winkels zwischen Radius und Koordinatenachse ist gleich dem Quotienten aus der senkrechten Strecke v (= Strecke MV) und dem Radius des großen Einheitskreises. Da der Divisor im Falle des doppelten Einheitskreises gleich Eins ist, entspricht hier der Sinus eines Winkels der Länge der Strecke v (= Strecke MV).

Auf die Kosinus-Funtion trifft praktisch genau dasselbe analog zu, nur dass hier der Dividend nicht die Strecke v ist, sondern die waagerechte Strecke u (= Strecke MU). Man muss also nur die Längen zweier

---

[72]   also der Länge des Radius (=1)
[73]   Pi : 2 = 1,57079… Einheiten
[74]   also auf der X-Achse

Strecken durcheinander teilen und weiß somit, wie groß der gesuchte Winkel ist. Vom Einheitskreis lässt sich das auf alle Winkel dieser Welt übertragen und verallgemeinern. Man muss aber die Längen der Strecken kennen und darauf achten, dass man die jeweils richtigen Strecken für die entsprechende Winkelfunktion nutzt. Das System ist also ganz einfach, es beinhaltet aber auch ein paar Stolperstellen. Beim Umgang mit Winkelfunktionen muss man deshalb ein wenig aufpassen, was man tut.

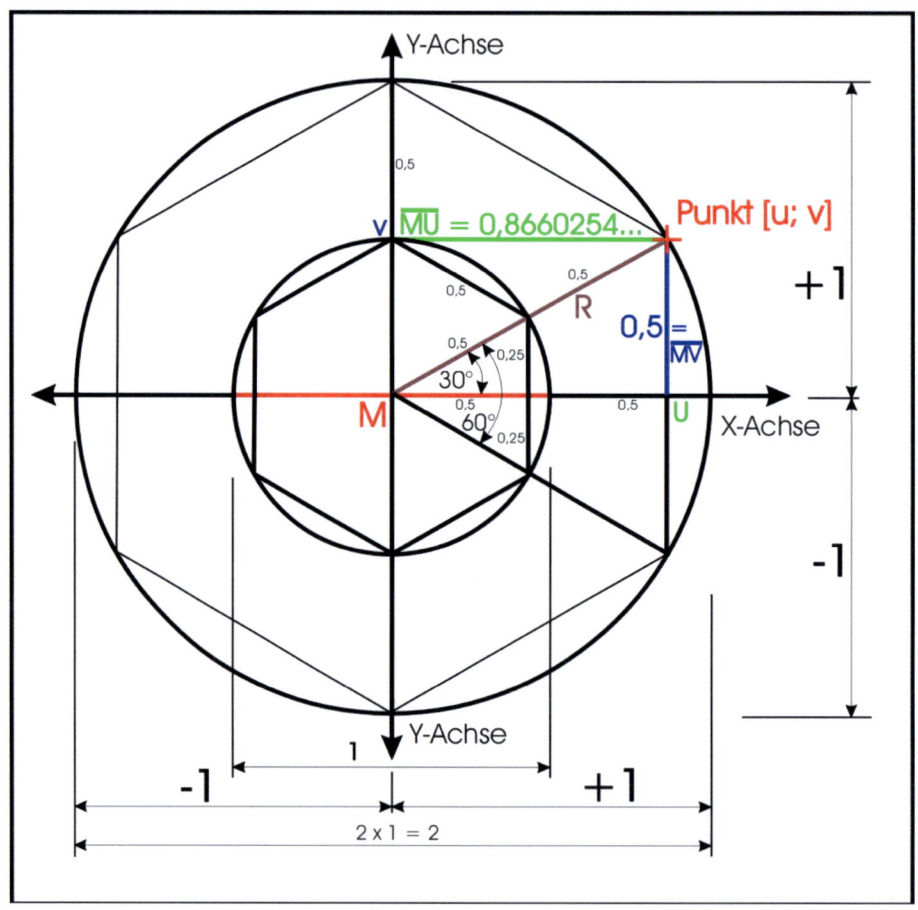

Abb. 41: *Ein Beispiel zur Winkelfunktionsberechnung*

In **Abbildung 41** sind die beiden Einheitskreise gemeinsam mit dem ersten Koordinatensystem dargestellt. Darin inbegriffen ist ein einfaches Beispiel für eine Winkelfunktionsberechnung.

Der betreffende Winkel ist hier – nur als Beispiel – der in den Abbildungen 40 und 41 eingezeichnete **30-Grad**-Winkel. Dieser wurde gewählt, weil er einerseits sehr einfach zu händeln ist, andererseits aber auch sehr an die Giseh-Pyramiden im Verhältnis zum polaren Erdumfang[75] erinnert. Damit nähern wir uns bei unserer Rundreise von Giseh, über Teotihuacan, Gavrinis, … und jeder Menge Zahlen, wieder dem Ausgangsort. Dabei stellen wir fest, dass alles ganz eng miteinander in Verbindung steht. Das Bindemittel, das diese Orte (und noch mehr) miteinander verkittet, ist die Mathematik.

Beim Winkel von genau 30 Grad ist der Sinus ganz besonders leicht zu bestimmen. Wenn man sich das Bild vom Einheitskreis mit Sechseck vor Augen hält, braucht man hier eigentlich überhaupt nicht zu rechnen. Die Länge der Strecke MV entspricht der halben Einheitslänge. Der Sinus von 30 Grad ist somit gleich 0,5.

Ein wenig schwerer ist es beim Kosinus. Hier kommen wir ums Rechnen nicht herum. Im Zeitalter der modernen Technik ist das aber auch kein Problem: Wir tippen die 30 in den Taschenrechner und drücken auf die Kosinus-Taste. Innerhalb von Sekundenbruchteilen haben wir das Ergebnis von 0,866….

Was genau rauskommt, ist an dieser Stelle nicht wichtig. Das würde uns nur vom hiesigen Thema ablenken. Es geht hier nur um ein Beispiel. Für jeden anderen Winkel erhält man sowieso ein anderes Ergebnis. Wichtig ist dagegen, zu verinnerlichen, dass sich zu jedem Winkel ganz genaue Winkelfunktionswerte ergeben und fest und unverrückbar eben zu diesem Winkel gehören. Zufall gibt es hier nicht. Das bedeutet, dass wir eindeutig von diesen Funktionswerten auf den entsprechenden Winkel schließen können – und umgekehrt, vom Winkel auf die dazugehörigen Funktionswerte. Das hört sich selbstverständlich sehr theoretisch an, ist es aber ganz und gar nicht. Denn wo ist es nicht überall notwendig, die genaue Größe von Winkeln aller Art berechnen zu können?

---

[75]   festgelegt durch den Meridian (= Längenkreis), der durch Giseh führt

Dabei ist es ziemlich schnurz, wo sich der jeweilige Winkel tatsächlich befindet. Als Beispiele wären etwa die Industrie im Allgemeinen, der Maschinenbau, das Bauwesen, das Vermessungswesen, die Wissenschaft, die Forschung, der Haushalt, die Heimwerkerei, der Häuslebau … usw. zu nennen. Praktisch unser ganzes hochtechnologisches Leben wäre ohne das Wissen um Winkel und ihre Funktionen weder denkbar, noch möglich. Ganz besonders wichtig sind Winkel und ihre genaue Berechnung in der Astronomie und selbstverständlich auch im Pyramidenbau. Und genau dort haben uns die Götter gezeigt, was sie drauf hatten, und was man mit Winkeln alles anstellen kann.

Lassen wir nun also unseren Punkt schnurstracks auf dem Kreisumfang weiter kreisen und tragen die Messpunkte schön der Reihe nach in unser zweites Koordinatensystem ein. Dadurch wandeln wir die Kreisbewegung des Punktes in eine schwingende Bewegung – oder kurz: in eine Schwingung - um. Wie bereits gesagt, sieht das direkte Ergebnis unseres Umwandlungsprozesses erst einmal wie eine gewöhnliche Schlangenlinie aus. Diese Schlangenlinie ist wesentlich interessanter, als es auf den ersten Blick aussieht. In ihr stecken nämlich ein paar Dinge, die man erst einmal nicht mitbekommt, die also "verborgen" sind.

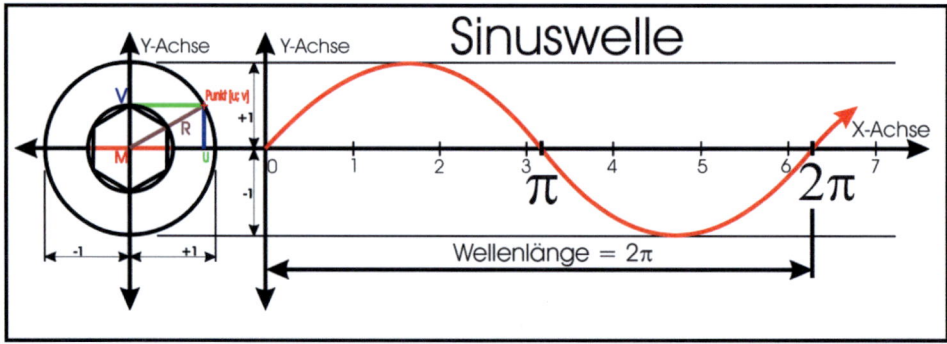

Abb. 42: *Erstes (links) und zweites (rechts) Koordinatensystem. Hier zu einer einheitlichen Darstellung verschmolzen, um die enge Verbindung zwischen beiden aufzuzeigen. Die Einheit aus dem doppelten Einheitskreis bildet auch die Basis des zweiten Koordinatensystems.*

Da wäre als Erstes die Bewegung zu nennen. Ursprünglich stammt diese Bewegung von unserem Punkt, der auf dem Kreisumfang rotiert. Diese kreisförmige – zyklische - Bewegung ist nun zu einer "geradlinigen" Bewegung in Richtung der X-Achse geworden. Vorstellen kann man sich das wunderbar, wenn man beispielsweise an Wasserwellen denkt, die entstehen, wenn man einen Stein in eine ruhige Teichoberfläche wirft. Die dadurch entstehenden Wasserwellen sind zwar dreidimensional und nicht zweidimensional wie unsere Abbildung, aber das Prinzip ist das gleiche. Wasserwellen sind manchmal ungefähr sinusförmig und bewegen sich. So ähnlich kann man sich auch Schall-, Licht- und andere Wellen vorstellen.

Die Bewegung unseres Punktes hat also eine Richtung. Damit ist sie eine gerichtete Bewegung, auch wenn sie nicht direkt an der X-Achse entlangläuft, sondern schlangenwellenförmig um die Achse pendelt. Das ist insofern wichtig und zu beachten, weil sich damit der vom Punkt zurückzulegende Weg verlängert.

Neben der Bewegung steckt aber auch die Zeit mit in unserer Winkelfunktions-Kurve. Denn schließlich braucht der rotierende Punkt auf dem Einheitskreis Zeit, um von einer Stelle zur nächsten zu kommen. Veranschaulichen kann man sich das vielleicht am Besten mit dem Sekundenzeiger einer Uhr, den man als rotierenden Radius eines Einheitskreises interpretiert. Selbstverständlich funktioniert das auch mit den anderen beiden Zeigern. Da braucht man aber ein wenig mehr Zeit und Geduld, um zu sehen was passiert.

Bewegung – also das Zurücklegen eines Weges – und Zeit definieren gemeinsam die Geschwindigkeit, die der Quotient aus Weg und Zeit ist. Alles was sich bewegt, hat eine Geschwindigkeit: Punkte, Autos, Züge, Tiere, Wasser, Schall, … und natürlich auch das Licht. Letzteres bewegt sich sinnigerweise mit Lichtgeschwindigkeit. Das ist gegenwärtig die höchste aller Geschwindigkeiten, die wir sicher kennen. Sie ist in den Pyramidenbauten von Giseh mehrfach verankert. Das bedeutet: Die Planer der Pyramiden, waren geistig-naturwissenschaftlich MINDESTENS so weit entwickelt, wie wir.

Interessant ist für uns auch, dass die Wellenlänge einer Sinuskurve der Länge von zwei Pi entspricht. Das kommt offensichtlich vom

Umfang des doppelten Einheitskreises, der ja ebenfalls zwei Pi lang ist. Da in einem Kreis normalerweise aber nur ein Pi drinsteckt, sollten hinter zwei Pi zwei Kreise "verborgen" sein.

Diesen Fakt können wir dahingehend werten, dass die zwei Pi einer Wellenlänge dem doppelten Einheitskreis entsprechen, dem sie ja auch entstammen. Da die Grundkonstante jedes Kreises jedoch ein einzelnes Pi ist, haben wir praktisch einen direkten Hinweis auf den kleinen Einheitskreis, der die Grundlagen unseres Zahlensystems und des doppelten Einheitskreises definiert.

Ganz ähnlich kann man das auch wieder auf die zahlenmäßige Betrachtung übertragen. Multipliziert man die Zahlen von 1 bis 6 miteinander, landet man bei 720 und dem doppelten Einheitskreis der Winkelfunktionen. Die Hälfte von 720 ist 360 und entspricht der Hälfte des doppelten Einheitskreises – also dem zugrundeliegenden kleinen Einheitskreis. Was liegt also näher, als den kleinen Basiseinheitskreis in 360 Teile zu teilen und so unser 360-Grad-Winkelsystem festzuschreiben? Zumal sich daraus eine weitere Verbindung zwischen beiden Einheitskreisen ergibt: Teilt man den kleinen Kreis in 360 gleiche Teile zu je einem Grad auf und verlängert die Einteilungsstriche bis zum doppelten Einheitskreis, so wird der automatisch auch in 360 Teile geteilt. Jedes dieser Teile ist aber genau doppelt so breit wie die Teile des kleinen Kreises. Man kann sie also noch einmal halbieren und erhält 720 Teile des großen Kreises, die genau so breit sind, wie die des kleinen Kreises. Insgesamt erhalten wir auf diesem Weg 1080 gleichbreite Einzelteile beider Kreise (360 + 720 = 1080). Das ist logisch, sinnvoll und nützlich. Zu Zeiten der Götter, genau so wie heute.

Vielleicht ist somit die Ableitung des 360-Grad-Winkelsystems über den Weg der Winkelfunktionen noch viel sinnvoller und einleuchtender als über die Präzession? Im Grunde nimmt sich beides nicht viel. Hier zwei Kreise, dort zwei Kreise. Vielleicht bildete sogar beides zusammen die Basis dafür, unser heutiges 360-Grad-System schon in grauer Vorzeit zu begründen. Möglich ist beides. Und die mathematische Verbindung zwischen Teotihuacan und Giseh, samt ihrem Zusammenhang zur Präzession und zum Sonnensystem, legt nahe, dass beides gar nicht so unwahrscheinlich ist, wie es den Anschein hat.

Gallische Zahlenspiele – II. Teil

Kommen wir – bevor wir endgültig in die "Zahlenmystik" abgleiten – schnell zurück zu Gavrinis und den dortigen Ziffern 3; 4; 5 und 6. In einem weiteren Beispiel werden die Ziffern zur Zahl 3456 zusammengefasst. Allein aus dieser Zahl lässt sich durch Teilung eine ganze Menge errechnen. Beispielsweise der Ort des Sonnenaufgangs am Tag der Sommersonnenwende, dessen Winkelangabe auch noch rein "zufällig" fast genau 100 ägyptischen Ellen entspricht. Die ägyptische Elle taucht übrigens im gallischen Gavrinis mehrmals in verschiedenen Zusammenhängen auf. Denkt man an den Einheitskreis, ist das auch kein allzu großes Wunder. Es stellt sich also nur die Frage, woher Hinkelsteinträger wie Asterix und Obelix etwas vom Einheitskreis gewusst haben sollen. Hatten sie zu tief in den Kessel mit dem Zahlen-Zaubertrank geblickt?

Überhaupt erfordern ja die göttlichen Lichtspiele in sogenannten "Ganggräbern" eine Menge Planung und Berechnung im Vorfeld ihres Baues. Schließlich muss man wissen, wo das Sonnenlicht entlang geleitet werden soll, damit die gewünschten Effekte entstehen. Und zwar BEVOR man anfängt zu bauen. Gavrinis ist ja nicht das einzige megalithische Bauwerk in dem mit dem Licht der Sonne gespielt wird. Nein. Sowas gibt's auch anderswo und gar nicht mal so sehr selten. Genannt seien nur Newgrange[76] und Malta[77].

Unsachliche Kritiker von der ganz besonders fiesen Sorte, deren einziges Ziel es ist, Erich von Däniken das Leben zu erschweren, machen sich diesen Umstand gelegentlich sehr geschickt zu nutze. Sie äußern sich mit Vorliebe dahingehend, dass sämtliche Zahlen, die in Gavrinis auftauchen, ausschließlich nur auf Zufall beruhen, weil sie ja eh im System enthalten sind. Doch das ist viel zu kurz gesprungen. Die Damen und Herren liegen gründlich falsch. Sie sind im Unrecht.

---

[76]   [12]
[77]   [16]

Beispielsweise ist auch der exakte Breitengrad, auf dem Gavrinis liegt, in der Zahl 3456 enthalten[78]. Er errechnet sich mithilfe der Teilung durch 73 – einer echt gallischen "Maya"-Zahl - die übrigens dem altägyptischen Zahlenzauber mit 39,73 und Co. entstammt.

3456 geteilt durch 73 ist gleich 47,342466 oder leicht gerundet: 47,3425. Rein "zufällig" liegt der Mittelpunkt von Gavrinis nach Wikipedia und Google Earth auf dem Breitengrad 47° 34' 26". Die Abweichung beträgt somit ganze 1,34 Bogensekunden. Das entspricht ein paar Metern auf rund 40.000 Kilometern Erdumfang. Noch genauer geht es kaum. Und dann kann man sich noch prima um den Messpunkt streiten. Auffällig ist auch, dass es diesmal nicht anderthalb Gradminuten sind, sondern nur anderthalb Gradsekunden, also ein Sechzigstel der im Altertum üblichen Differenz. Offensichtlich wollte man es in Gavrinis ganz genau wissen…

Ein Vollkreis besteht aus 360 mal 60 mal 60 ist gleich 1.296.000 Bogensekunden.

Die Zufallswahrscheinlichkeit, also die Wahrscheinlichkeit, eine ganz Bestimmte dieser verdammt vielen Sekunden bei "Winkelspielen"[79] per Zufall zu treffen, beträgt demzufolge rund 1 zu 1.296.000. Das entspricht einer Zahl irgendwo bei 0,000.000.8. – ist also schon fast gar nicht mehr vorhanden. Je geringer jedoch die Wahrscheinlichkeit ist, dass Zufall hinter der Geschichte steckt, desto größer wird automatisch die Wahrscheinlichkeit, dass wir vor einer absichtlichen Leistung stehen. Das gilt übrigens für viele strittige Fragen in Bezug auf unsere Frühgeschichte. Offiziell erwünscht ist diese Denkweise nicht, obwohl sie auf mathematischer Logik beruht. Die Wahrscheinlichkeit, dass die genaue Angabe des Gavrinis-Breitengrades mit voller Absicht aus der Zahl 3456 abgeleitet wurde und immer noch abgeleitet werden kann, liegt demnach bei ca. 1.250.000 zu 1.
 Die Übereinstimmung zwischen dem tatsächlichen Breitengrad und dem aus 3456 errechneten Wert ist so hervorragend, dass es fast völlig

---

[78] [10]
[79] wie etwa Flaschendrehen; Glücksrad; Bilderrahmen bauen; … o.ä.

ausgeschlossen ist, das so genau "per Zufall" hinzukriegen.

Im Gegenteil: Der Hügel Gavrinis wurde mit unglaublicher Weitsicht, Planung, Bedacht und großem Wissen als Bauplatz extra so ausgewählt, weil 3456 durch 73 gleich 47,3425 ist. Genau das, sollte durch die Wahl des Bauplatzes für alle Zeiten festgeschrieben werden.

Das heißt: Zuerst wurde überlegt, gerechnet und geplant. Dann wurde nach den Ergebnissen der Bauplatz aus- und aufgesucht. Und erst danach wurden Hinkelsteine vermauert. Um soetwas überhaupt hinzukriegen ist selbstverständlich genauestes Wissen über die Maße der Erde zwingende Grundvoraussetzung. Ebenso wie ein vollausgeprägtes Koordinatensystem, ähnlich oder gleich unserem heutigen Gradnetz aus Längen- und Breitengraden.

Im Zusammenhang mit all den anderen Daten, die in Gavrinis - und nach und nach weltweit - auftauchen, ist jede andere Denkweise absurd, mittelalterlich und von Vorvorgestern.

Fragt sich nur noch, welche Mitteilung genau auf diesem Wege in die Ferne Zukunft übertragen werden sollte. Und warum?

Aber das kriegen wir auch noch raus. Wenn nicht heute, dann eben ein wenig später. Da hab ich gar keine Bange …

Die Quadratur der Einheitskreise

So. Jetzt noch einmal kurz zurück nach Giseh, um den weltweiten Pyramiden-Einheitskreis zu schließen – und dann sind wir schon am Ende dieses Buches angekommen.

Manch einer wird sich fragen, was das alles soll. Einheitskreise, Lichtgeschwindigkeit, 360-Grad-System, Schwingungen, … usw., doch die hier im Buch aufgezeigten Bilder sind nirgendwo in den Bauten unserer Ahnen oder in ihren Überlieferungen enthalten. Keine Spur von Einheitskreisen und all dem Anderen. Dem kann ich nur widersprechen.

Was heißt kann? Ich muss sogar. Es wimmelt weltweit nur so davon. Die bildliche Spur der Einheitskreise begann "vor einigen Jahren" in Dänemark mit der Arbeit Preben Hanssons. In seinem hervorragenden Buch "Sie kamen von den Sternen" beschreibt er die sogenannten Trelleborgen: Ein Kreis mit einem Kreuz drin. Genau wie der allererste Einheitskreis. Es ist natürlich nicht gesagt, dass die Fels- und anderen Zeichnungen dieser Art zwangsweise direkt vom Einheitskreis abstammen müssen, aber sie sind allemal verdächtig. Diese frühzeitlichen Abbildungen sind weltweit zu finden.

Gibt es sie auch in Ägypten?

Ehrlich gesagt: Das weiß ich nicht. Es gibt jedoch jede Menge Zeichen, Symbole und Hieroglyphen, die intensiv daran erinnern.

Das fängt beispielsweise mit der allgegenwärtigen "Sonnenscheibe" an, die es in vielfältigen Ausführungen gibt. Weiter geht es mit der Hieroglyphe für 'Horizont' – ein Kreis mit einer Sinuswelle darunter. Auch das Symbol für 'Stadt' weist in diese Richtung. Es ist ein Kreis mit einem Kreuz, wobei das Kreuz allerdings um 45 Grad gedreht ist. Noch verblüffender ist das Symbol der 'Ewigkeit', welches die Ägyptologen als "Ring" bezeichnen: Ein Kreis, der auf der Strecke seines Durchmessers ruht. Grundlagenmathematik und 'Ewigkeit' passen ausgezeichnet zusammen. Noch deutlicher kann man es eigentlich nicht ausdrücken.

Das macht Sinn. Sehr tiefen sogar.

Doch auch das weithin bekannte Udjat-Auge (das "Auge Gottes") mit einem Kreis im Zentrum, das laut Ägyptologie in diverse Zahlenanteile aufgegliedert ist, könnte von den Einheitskreisen abstammen. Und Darstellungen der "Erde als Scheibe" erinnern schwer an – künstlerisch ausgestaltete - einfache und doppelte Einheitskreise[80]. Mich persönlich jedenfalls mehr als an eine Scheiben-Erde, zumal die alten Ägypter erwiesenermaßen hundertprozentig wussten, dass die Erde eine Kugel ist.

Alles in Allem gibt es in Ägypten jede Menge Möglichkeiten, die man mühelos und sinnvoll als weiterentwickelte Einheitskreise interpretieren kann. In Ägypten gibt es aber auch noch die Pyramiden. Die in Giseh und andere. Zumindest dort sind die Weiterentwicklungen bzw. die Grundlagen der beiden Einheitskreise definitiv zu finden.

Natürlich in den Pyramiden. Wo denn sonst?

---

[80]   [19]

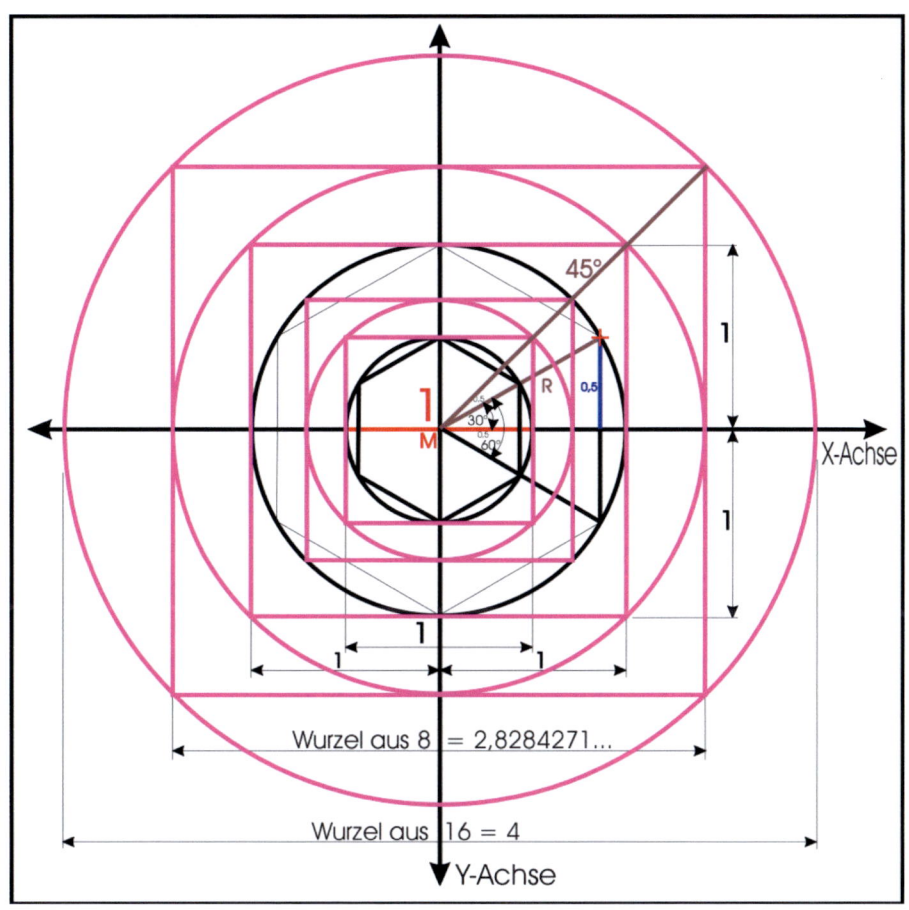

Abb. 43: Die erweiterte "Quadratur" der beiden Einheitskreise

Die wiedereinmal verwirrende **Abbildung 43** zeigt, auf welche Weise man die beiden Einheitskreise weiter ausgestalten kann. Es müssen nicht immer Sechsecke sein, die in die Kreise eingefügt werden. Es können auch Quadrate oder andere regelmäßige Figuren sein, die hineinpassen und sich dem geometrischen Prinzip unterordnen. Doch egal wie, es fängt immer bei 1 an und entwickelt sich im Anschluss ausschließlich anhand logischer, mathematischer Gesetze weiter. Die Entwicklungs-richtungen können sehr unterschiedlich sein und auch so aussehen …

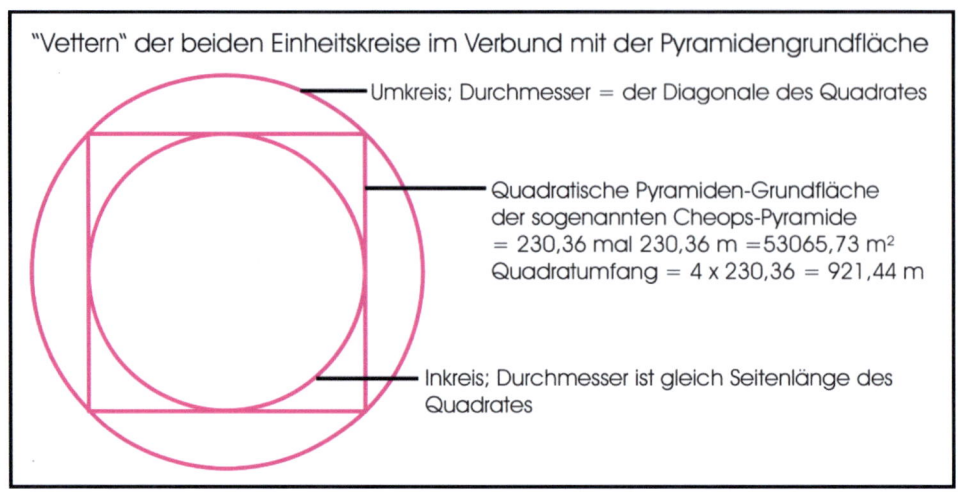

"Vettern" der beiden Einheitskreise im Verbund mit der Pyramidengrundfläche

Umkreis; Durchmesser = der Diagonale des Quadrates

Quadratische Pyramiden-Grundfläche
der sogenannten Cheops-Pyramide
= 230,36 mal 230,36 m =53065,73 m²
Quadratumfang = 4 x 230,36 = 921,44 m

Inkreis; Durchmesser ist gleich Seitenlänge des
Quadrates

Abb. 44: *Die ägyptischen Vettern der beiden Einheitskreise*

Lassen Sie mich bitte kurz am Beispiel der sogenannten Cheops-Pyramide erklären, was gemeint ist. Am Ende werden wir sehen, dass die ganze geometrische Ackerei nicht umsonst war und das sich der logische Gedankenkreis auf verblüffende Art und Weise tatsächlich wieder zu einer logischen Einheit zusammenfügt und der vielgerühmte Zufall mit Sicherheit völlig ausgeschlossen ist.

Die Pyramide hat eine große quadratische Grundfläche. Jede ihrer Seitenlinien ist - mit äußerst geringen Abweichungen - im Durchschnitt 230,36 Meter lang. Zeichnen wir in ein solches Quadrat einen Kreis hinein, der alle vier Innenseiten des Quadrats berührt, so hat dessen Duchmesser die selbe Länge wie eine Seitenkante des Vierecks. Wenn wir wollen, können wir in diesen Inkreis ein weiteres Quadrat zeichnen. In das neue, kleinere Quradrat wieder einen Kreis, … usw. bis wir irgendwann bei den Einheitskreisen angelangt sind. Aber das wollen wir jetzt ausnahmsweise einmal nicht.

Stattdessen zeichnen wir noch einen größeren Kreis – einen Umkreis – um das Quadrat herum. Der Umkreis ist so groß, dass er alle vier Ecken des Quadrats berührt. Sein Durchmesser entspricht der Länge der Diagonale des Vierecks, das er umschreibt. Die schlichte und einfache fertige Figur ist in **Abbildung 44** verewigt.

So einfach und primitiv, wie dieses Konglomerat aus Kreisen und Quadrat ausschaut, so gewaltig sind die mathematischen Feinheiten, die in ihm stecken. Von jeder einzelnen geometrischen Figur berechnen wir nun die wichtigsten Parameter. Ich erspare Ihnen mal die Rechnerei. Die Maßeinheiten sind Meter und Quadratmeter. Die Ergebnisse lauten:

	Quadrat Q	Inkreis I	Umkreis U
Seitenlänge S	230,36	-	-
Diagonale DQ	325,77824	-	-
Radius R	-	115,18	162,88912
Durchmesser D	-	**230,36**	**325,77824**
Umfang U	921,44	723,69728	1023,4625
Fläche A	53065,73	41677,727	83355,453

Mit diesen Parametern können wir nun vielfältige Berechnungen durchführen. Das Verblüffende daran ist, das man fast immer ein bemerkenswertes Ergebnis erhält. Ein paar Beispiele:

* Umfang des Quadrates geteilt durch seine Fläche ist gleich 0,0173641.
* Umfang des Inkreises geteilt durch seine Fläche ist gleich 0,0173641.
* Umfang des Umkreises geteilt durch seine Fläche ist gleich 0,0122782.
* 0,0122782 geteilt durch 0,0173641 ist gleich 0,7071078.
* 0,7071078 ist gleich dem Sinus 45°, ist gleich dem Cosinus 45°.
* 0,0173641 geteilt durch 0,0122782 ist gleich der Wurzel aus 2.
* Umfang des Inkreises geteilt durch Umfang des Umkreises = 0,7071067 = Sinus 45° = Kosinus 45°; 1 geteilt durch 0,7071067 = Wurzel aus 2.
* 0,7071067 zum Quadrat ergibt glatt 0,5 = Sinus 30° = Cosinus 60°.
* Fläche des Quadrates geteilt durch die Fläche des Umkreises ist gleich **0,6366197,** ist gleich Zwei geteilt durch Pi.
* Radius des Inkreises geteilt durch seinen Umfang ergibt 0,1591549.

* Radius des Umkreises geteilt durch seinen Umfang ergibt **0,1591549**.
* 0,1591549 ist gleich 1 geteilt durch 2 Pi.
* Fläche des Quadrates geteilt durch Fläche des Inkreises ist gleich 1,**2732395** ist gleich 4 geteilt durch Pi.
* Umfang des Quadrates geteilt durch Umfang des Inkreises = 1,**2732396** ist ebenfalls gleich 4 geteilt durch Pi.

Bemerkenswert ist, dass hier die 73 und die 39 innerhalb des Verhältnisses "Vier durch Pi" auftauchen. Außerdem ist denkwürdig, dass Pi geteilt durch 0,1591549 gleich 19,**739209** ist. Betrachtet man die 19,739209 (= 19° 44' 21") als irdische Koordinate, landet man auf einem Breitenkreis rund 5 km nördlich vom Stadtzentrum Teotihuacans (= 19° 41' 30"). Auch in dieser Zahl sind 7; 3 und 9 enthalten …

Diese Aufzählung könnte noch eine Weile so weiter gehen, vor allem, wenn man noch weitere Kreise und Quadrate mit einbezieht. Doch soll hier erst einmal Schluss sein. Das Wichtigste ist gesagt.

All das bisher Aufgezählte – und noch einiges mehr – sind allgemeingültige mathematische Gesetzmäßigkeiten. Sie treffen auf jedes Quadrat mit In- und Umkreis zu, vollkommen unabhängig von den jeweiligen Abmessungen. Das heißt: Diese Gesetzmäßigkeiten haben zwar rein gar nichts mit Zufall zu tun, fast genausowenig aber auch mit den Pyramiden – abgesehen davon, dass sie in den Pyramiden dargestellt und dokumentiert sind. Beziehen wir das konkrete Bauwerk Cheops-Pyramde mit seinen einzigartigen Abmessungen in unsere Überlegungen ein, kommen zusätzlich noch ein paar kleine Spezifikationen dazu:

Die Wurzel aus dem Radius des Umkreises (= 162,88912 m) beträgt 12,762802. Multiplizieren wir diese Zahl mit 1 Million erhalten wir 12.762,8 km. Das entspricht fast genau dem Äquator-Durchmesser der Erde mit 12.756,8 km. Die Differenz beträgt 6 Kilometer, was 0,05 Prozent oder 5 Zehntausendsteln entspricht.

Gehen wir nun wieder von der Seitenlänge des Quadrates mit 230,36 m aus und multiplizieren sie mit 2 geteilt durch Pi (= 0,6366197 = 2/Pi) erhalten wir 146,65171 m. Das ist die wahre Höhe der sogenannten Cheops-Pyramide, auch wenn in sämtlichen Ägyptenbüchern etwas

Anderes (meistens 146,59 m) steht. Die Abweichung liegt im Toleranz-bereich. Sie ist mit ganzen 6 cm zwar nur extrem gering, aber wichtig.

Sie werden sich fragen, wieso ich mir da so sicher bin, obwohl doch der Pyramide fast 8 m von ihrer Spitze fehlen und sie auch keine Außenverkleidung mehr hat. Das ist wieder einmal schnell erklärt. Der Radius des Inkreises entspricht der halben Länge einer Seitenkante des Bauwerkes. Er bildet mit der Pyramiden-Höhe und ihrer Seitenfläche ein rechtwinkliges Dreieck, welches wir berechnen können. Demnach beträgt der Neigungswinkel der Bauwerksflanken 51 Grad 51 Minuten und 14 Sekunden. Auch hier steht in jedem Ägyptenbuch eine geringfügig abweichende Zahl. Aber: In Dezimalschreibweise beträgt dieser Winkel 51,853**973.** Wir stehen hier also wieder einmal direkt vor dem Brandzeichen der Götter, die anscheinend überall, wo es ihnen wichtig erschien, den Zahlenzauber mit 37 und 39 eingebaut haben, damit spätere Zahlenschnüffler sicher erkennen können, was richtig und was falsch ist.

Doch das ist noch nicht alles. Wenn man möchte, kann man unter Anderem folgende korrekte Verhältnisgleichung aufstellen:

Der Äquator-Radius der Erde verhält sich zum Äquator-Umfang der Erde genau so, wie die Höhe der "Cheops"-Pyramide zu ihrem Basisumfang. Das Verhältnis entspricht jeweils dem Verhältnis 1 geteilt durch 2 Pi. Als Formel geschrieben sieht das so aus:

$$\frac{6378,4 \text{ km}}{40.076,6 \text{ km}} = \frac{146,6517 \text{ m}}{921,44 \text{ m}} = \frac{1}{2\pi} = 0,1591549$$

Erde   Pyramide   Kugel allgemein

Höhe und Umfang der "Cheops"-Pyramide entsprechen also dem Erdradius und ihrem Umfang. Bumm.

Das ist erst einmal ein verblüffender Fakt. Und er ist definitiv richtig. Es ist aber wieder nur die halbe Wahrheit. Da das Verhältnis zwischen Radius und Umfang bei allen Kreisen und Kugeln des Universums gleich ist, entspricht die sogenannte Cheops-Pyramide (und NUR die

"Cheops"-Pyramide) in Höhe und Umfang jeder Kugel bzw. jedem Kreis.

In der "Cheops"-Pyramide ist also neben allem Anderen auch noch die perfekte Quadratur von Kreis und Kugel verankert. Die Erde ist nur eine davon[81].

Skeptiker, Kritiker und Leute, die keine Ahnung haben, machen sich diesen Umstand zu Nutze und tönen oft lautstark und unpassend, dass das ja blanker Zufall sei, und dass all das bei jeder Pyramide so wäre, und das die alten Ägypter ja zwangsläufig mal so einen Glückstreffer landen mussten, bei den vielen Pyramiden, die sie gebaut haben.

Bla-bla. Das ist Quark mit Soße.
Verändert man nämlich das Verhältnis zwischen Höhe und Basisumfang der Pyramide, indem man einen der beiden Parameter nur um eine Kleinigkeit verändert, funktioniert das nicht mehr. In der "Cheops"-Pyramide ist also ein absoluter mathematischer Spezialfall dargestellt. Und es kann mir KEINER erzählen, dass jemand ein derart gigantisches Bauwerk mit vielfachen Rafinessen in die Wüste setzt, um sich am Ende auf den "Zufall" zu verlassen. Das wäre ja dasselbe, als wenn ein heutiger Architekt einen Wolkenkratzer in New York plant und am Ende der Bauarbeiten enttäuscht feststellt, dass es "zufällig" nur eine Strohhütte in der hinterrussischen Pampa geworden ist. Nee – So etwas gibt es nicht. Punkt.

Was es aber gibt, sind andere Pyramiden, auf die dasselbe zutrifft wie auf die "Cheops"-Pyramide. Die können völlig andere Maße haben – winzig oder riesengroß. Das spielt überhaupt keine Rolle. Es spielt auch keine Rolle, ob sie im Souvenir-Laden stehen oder auf dem Mars. Wichtig ist hierbei einzig und allein das Verhältnis von Höhe zu Basis-Umfang. Wenn das genau so ist, wie bei der "Cheops"-Pyramide, dann entsprechen auch Form und Aussehen exakt dem berühmten Vorbild. Das heißt, Pyramiden, die dieselben Eigenschaften haben wollen, müssen mit der Cheops-Pyramide kongruent sein. Ansonsten funktioniert es nicht, dass Höhe und Basis-Umfang einer Kugel entsprechen.

Warum ist die sogenannte "Cheops"-Pyramide dann aber so groß, wie sie ist? Das stellen wir fest, wenn wir den Äquatorradius der Erde durch die Höhe der Pyramide teilen. Da treffen wir nämlich – über einen kleinen Umweg - wieder auf einen alten Bekannten ...

---

[81]   [2; Seiten 151 ff.]

Die Lösung des Kreisrätsels

Die sogenannte "Cheops"-Pyramide ist das bekannsteste und berühmteste Bauwerk seiner Art. Vielleicht ist sie auch die rätselvollste, perfekteste, größte, höchste, schönste und interessanteste Pyramide der Welt. Mag alles sein. Aber eines ist sie garantiert nicht:

Das Hauptbauwerk des Giseh-Komplexes. Das ist nämlich die sogenannte "Chefren"-Pyramide, die mittlere der drei großen Pyramiden am Stadtrand von Kairo.

Dass die sogenannte "Chefren"-Pyramide der zentrale Punkt ist, um den sich alles dreht, ist spätestens seit "Henochs Uhr"[82] bekannt. Seither wissen[83] wir, dass die "Chefren"-Pyramide den Pol der Ekliptik symbolisiert:

Den Mittelpunkt der Welt, das Zentrum des irdischen Universums.

Doch das ist schon wieder einmal nur die halbe Wahrheit – oder ein "Zehntel" davon - und noch lange nicht alles. Von der "Chefren"-Pyramide ist bekannt, dass sie rechtwinklige pythagoreische Dreiecke enthält, deren Seitenlängen im Verhältnis 3 : 4 : 5 stehen. Diese Dreiecke werden von jeweils einer halben Basiskantenlänge[84], einer Seitenflächenhöhe und der Pyramidenhöhe gebildet. Dieser Umstand ist seit langem bekannt und sogar offiziell halbwegs anerkannt. Doch auch hier kann man die Geschichte noch geringfügig erweitern.

Die Eins steckt sinnigerweise in all diesen Längen drin: Sie entspricht exakt einem Drittel der halben Basiskantenlänge, einem Viertel der Pyramidenhöhe und einem Fünftel der Seitenflächenhöhe …

Merken Sie was?

Wir nähern uns Stück für Stück den beiden Einheitskreisen in Pyramidengestalt. Die Sechs entspricht einer ganzen Basiskantenlänge. Das ist logisch, wenn die Eins dreimal in die halbe hineinpasst. Fehlt noch die Zwei. Die Zwei steckt zweimal in der Pyramidenhöhe und dreimal in der Basiskante drin. Das wars schon. Wir haben jetzt eine prima Einheitspyramide mit den Längenverhältnissen 1 : 2 : 3 : 4 : 5 : 6.

---

[82]   [9]

[83]   "Wissen" ist etwas anderes als vermuten, spekulieren, … o.ä.

[84]   = Radius des Inkreises der Grundfläche

Sie sehen schon ganz deutlich die 1 x 2 x 3 x 4 x 5 x 6 = 720 auf sich zurasen. Und natürlich auch die 3456, die 3 x 4 x 5 x 6 = 360 sowie die beiden Einheitskreise, Sinuswellen, Schwingungen, … und ganz bestimmt auch die Präzession des Planeten Erde.

Doch eines sehen Sie noch nicht. Und zwar die Maße. Gerechnet wurde hier mit der von Sir William Matthew Flinders Petrie ermittelten Basiskantenlänge mit 215,26 Metern[85]. Damit entspricht die Eins einer absoluten Länge von 35,876667 m. Die Zwei entspricht sinnigerweise der doppelten Länge von Eins. Und hier wird's interessant.

Zweimal Eins sind nämlich 71,753334 und das entspricht (fast) genau[86] einem Grad Präzessionsfortschritt in Jahren, was der Dauer einer Präzessionsrunde von 25.831,2 Jahren gleichkommt. Dummerweise weiß ja nun leider niemand so ganz genau, welche Zahlen richtig sind und was sich vielleicht in der Vergangenheit alles geändert hat, sodass der Wert dieser Aussagen gegenwärtig leider noch minimal eingeschränkt ist.

Dieser kleine Mangel wird aber um ein Vielfaches wieder ausgeglichen und behoben, indem nun endgültig bewiesen ist, dass bereits die Pyramidenbauer die Präzession der Erde kannten. Interessant ist in diesem Zusammenhang, dass die Eins – also die 35,876… m – ein halbes Präzessionsgrad darstellen. Hier sind somit die Eins und die 0,5 aus den Einheitskreisen auf geniale Art und Weise vereint. Gleichzeitig sind die beiden pyramidalen Einheitskreise untereinander und mit der Präzession verknüpft, sodass man davon ausgehen muss, dass die einstigen Götter tatsächlich alles als eine große Einheit betrachteten und diese Einheit in den Pyramiden von Giseh und Teotihuacan sowie in Gavrinis und an anderen Orten weltweit verteilten und für extrem lange Zeiträume festschrieben.

Bevor ich – weil's so schön ist – die Zusammenhänge nochmal ordentlich auflste, darf hier ein Fakt nicht vergessen werden: Schließlich haben sich die Pyramidenplaner sehr viel Mühe gegeben, die zeitlichen Zusammenhänge darzustellen, damit der Präzessionsgedanke keinesfalls

---

[85]   [20]; Exakt: 8474,9 +/- 1,5 Inch = 215,26246 +/- 0,0381 Meter

[86]   71,753 x 360° = 25.831,2 Jahre; Abweichung zu 25.780 Jahren = 51,2 Jahre
       Abweichung = 0,2 Prozent; bei 25.780 Jahren entspricht 1° = 71,6111 Jahren

übersehen wird oder gar verloren geht. Sie haben nämlich in der "Chefren"-Pyramide auch noch die Jahreslänge eingebaut:

Die Diagonale der Pyramidengrundfläche dividiert durch den Quotienten aus Seitenflächenhöhe (= 5) und der Basiskantenlänge (= 6) ergibt 365,30833. Diese Zahl bezieht sich eindeutig auf das irdische Jahr. Eindeutiger geht's nicht!

Allerdings ist auch hier wieder die kleine Differenz zu unserem heutigen Jahr der Knackpunkt. War das Jahr zu Zeiten des Pyramidenbaues eine Winzigkeit länger? Oder haben die frühgeschichtlichen Astronomen andere Meßpunkte genutzt als wir? Oder haben sie sich gar um ein paar Sekunden vermessen?

Wirklich ausschließen können wir wohl nur die letztgenannte Möglichkeit. Dass sich die Götter vermessen haben ist reichlich unwahrscheinlich. Nach allem Wissen, welches bereits in den Pyramiden entdeckt wurde, und aller Genauigkeit, die heute noch nachweisbar ist, scheint ein simples "Vermessen" nicht infrage zu kommen.

Mir ist sogar eine "Erklärungsdifferenz" aufgefallen, wie sie ja auch bei der Lichtgeschwindigkeit und der Länge der Strecke X aus dem Einheitskreis sehr dienlich waren. Der Sinus des Winkels von 3,793 Grad beträgt rein zufällig 0,0661519. Ziehen wir diesen Wert von den o.g. 365,30833 Tagen ab, landen wir bei 365,24218 Tagen, was "rein zufällig" unserer heutigen Jahreslänge entspricht. Ein merkwürdiger Zufall. Und wieder ist das Brandzeichen der Götter mit von der Partie. Das ist irre. Ich sagte es bereits.

Ob das tatsächlich der Weisheit letzter Schluss ist, sei erst einmal dahin gestellt. Viel wichtiger ist, dass die engen und direkten Zusammenhänge zwischen den Einheitskreisen, der Präzession, dem Pyramidenbau und dem "steinzeitlichen" Gedankengut der Götter NACHGEWIESEN werden konnten. Sauber, logisch und exakt, beruhend auf Mathematik.

Unsere Frühgeschichte wird wohl doch umgeschrieben werden müssen.

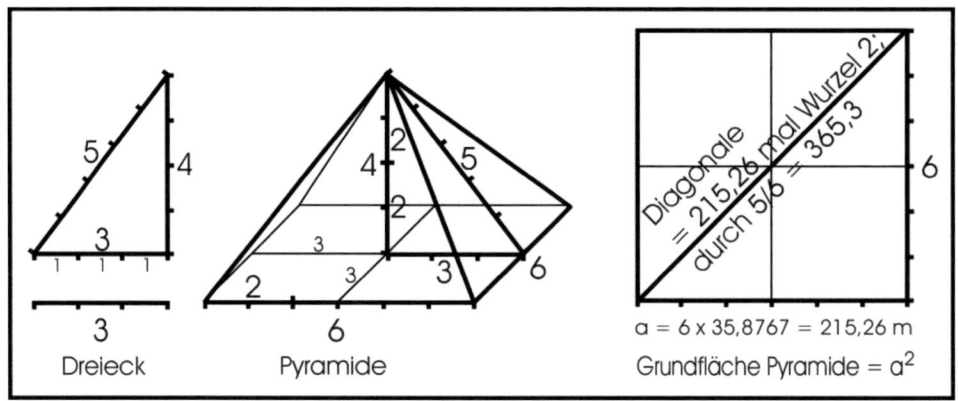

Abb. 45: Die Längenverhältnisse der "Chefren"-Pyramide entsprechen den beiden Einheitskreisen und weisen direkt auf die Präzession

1 =>   35,8767 => 0,5 Grad Präzession in 35,8767 Jahren
2 =>   71,7533 => 1,0 Grad Präzession in Jahren
3 => 107,6300 => Halbe Basiskantenlänge in Metern
4 => 143,5067 => Pyramidenhöhe in Metern
5 => 179,3833 => Höhe einer Pyramidenseitenfläche
6 => 215,2600 => Basiskantenlänge

1 x 2 x 3 x 4 x5 x 6 = 720 mal 35,8767 ist gleich 25.831,2 Jahre

Zusammenfassung

Die alten Ägypter haben also die Geschwindigkeit des Lichts im Vakuum gekannt. Außerdem beherrschten sie Winkelfunktionen, Kreisgesetze, Maßeinheiten, Erdvermessung, Jahreslänge, Präzession, … und vieles Andere. Mit Perfektion. Prometheus und Asterix, Luzifer und Idefix haben perfekte Arbeit geleistet.

Die Pyramidenplaner kannten die Lichtgeschwindigkeit im Minimum bis auf 10 Meter/Sekunde genau[87]. Sie wussten also auch, dass es so etwas wie Vakuum gibt. Das hört sich albern an, aber wenn man bedenkt, dass wir dieses Wissen erst seit dem 17. Jahrhundert besitzen, ist es das ganz und gar nicht. Dieses Wissen haben sie MINDESTENS in Giseh mehrmals und auf verschiedene Weise in ihre Bauten integriert:

1.) durch den Bau der "Cheops"-Pyramide auf dem Breitengrad 29,979246°.

2.) durch die baulichen und mathematischen Verhältnisse von Basiskantenlängen und Volumina von Pyramiden, Planeten und Sonne usw., deren Grundlagen Dr. Jelitto entdeckte[88].

3.) durch die im hiesigen Buch dargelegten Fakten, die auf den ersten Blick unübersichtlich, umständlich und kompliziert erscheinen, auf den zweiten Blick jedoch eineindeutig sind und Irrtümer oder größere Abweichungen ein für allemal ausschließen:

3 a) durch den Winkel von ca. 31° 55' 13", seinen Winkelfunktionen[89] sowie seinem Winkel-Verwandten aus 1/Pi und dessen Funktionen.

3 b) durch den Winkel von ca. 43° 22' 52" (= 43,381111°), seinen Winkelfunktionen[90] und seinen engen Verwandten.
Durch diesen Winkel ist übrigens auch das zugrundeliegende

---

[87] Eine Genauigkeit von mindestens 10 Meter/s entspricht bei der Vakuum-Lichtgeschwindigkeit bei der Angabe in km/s zwei Stellen hinter dem Komma

[88] [7]

[89] 31° 55' 13" = Winkel zwischen Nordrichtung und Verbindung der Spitzen von Chephren- und Mykerinos-Pyramide

[90] 43,381111 Grad = Winkel zwischen Diagonale der "Cheops"-Pyramide und Nordrichtung bzw. Winkel zwischen Nordrichtung und der Verbindung zwischen den Spitzen der Cheops- und Chephren-Pyramide; Neigungswinkel der Eckkanten der Chefren-Pyramide; Neigungswinkel mehrer anderer Pyramiden in Ägypten und Mittelamerika, besonders Teotihuacan

111

Verhältnis der sogenannten Steinzeitelle definiert: 360 Grad durch 43,381111 Grad ergibt 8,29854. Der zehnfache Wert davon (= 82,985) in Zentimetern, entspricht der Steinzeitelle. Ebenso entspricht dieser Wert der sogenannten Teotihuacan Measurement Unit (TMU). Steinzeitelle und TMU sind zwei verschiedene Bezeichnungen für ein und dieselbe Maßeinheit, die einst weltweit praktisch bei der Erstellung von Megalith-Bauten aller Art angewendet wurde.

3 c) durch das Zusammenspiel jeweils zweier Differenzen wie: 247,26526 und 39,73 oder 246,91 und 39,37 u.a.

3 d) durch die damit hergestellte Verbindung zur Strecke x des Einheitskreises und den eindeutigen Hinweis auf diese Strecke

3 e) durch die Integration MINDESTENS dreier Definitionen von Maßeinheiten in ein Zahlenspiel (Zoll, Meter, ägyptische Elle).

3 f) durch die Existenz der Schnittebene Giseh-Teotihuacan und sich aller daraus ergebenden Fakten

Der skeptische Leser mag die soeben nochmals zusammengefassten Fakten gerne nachprüfen. Wenn er richtig rechnet, wird er zu keinem anderen Ergebnis kommen.
Daraus ergeben sich weitere Fakten:

1.) Die Pyramiden – in Giseh und Teotihuacan - befinden sich seit ihrem Bau exakt an den Orten und den Breitengraden, an denen sie sich nach Intension ihrer Baumeister befinden sollten.

2.) Daraus ist zu folgern, dass es seit dem Bau der Pyramiden – wann immer das war – keine größeren Lageveränderungen der Erdachse im Verhältnis zu den geographischen Polen der Erde gegeben hat. Dieser Befund ist eindeutig. Ein Wachstum des

Planeten-Durchmessers ist dadurch jedoch nicht ausgeschlossen. Dagegen kann es die irdische Plattentektonik, nach herkömmlicher Auffassung, so nicht geben.

3.) Die absichtliche (mathematisch-geometrische) Existenz der Schnittebene Giseh-Teotihuacan[91] wird nochmals intensiv bestätigt. Dadurch werden auch sämtliche Aussagen in meinem Buch "Wenn die Erde eine Kugel wäre ... Erster Nachweis einer uralten globalen Hochkultur" nochmals bestätigt. Ebenso die in "Henochs Uhr" genannten Fakten.

4.) Die Planer der Pyramiden (in Giseh, Teotihuacan und weltweit) verfügten eindeutig über Kenntnisse, die ihnen unsere heutige Wissenschaft so nicht zubilligt:

4 a) Sie kannten die Winkelfunktionen und konnten perfekt damit umgehen.

4 b) Sie kannten und benutzten die Maßeinheiten, die wir zum Teil heute noch benutzen.

4 c) Sie "spielten" gern mit Zahlen. Ohne technische Rechenhilfen ist das in dieser Form und Qualität so gut wie ausgeschlossen.

4 d) Sie konnten den Planeten Erde, über Kontinente und Ozeane hinweg, absolut exakt vermessen.

4 e) Sie konnten ihre Vermessungsergebnisse phantastisch exakt anwenden und weltweit in phänomenale Bauten integrieren.

4 f) Sie wussten, dass es Vakuum gibt und wie schnell sich das Licht darin fortbewegt.

4 g) Sie wussten, dass die Vakuumlichtgeschwindigkeit eine

---

[91]   [5]

Konstante ist und kannten ihren genauen Wert.

4 h) Sie kannten die Kreiszahl Pi auf viele Kommastellen genau und wußten um die mit Pi verbundenen Zusammenhänge. Sie nutzten Pi in vielfältigen Zusammenhängen und Kombinationen mit anderen Größen und Funktionen für ihre Bauten.

4 i) Sie schufen auf der Basis von Lichtgeschwindigkeit, der Kreiszahl Pi und den Zusammenhängen aus beiden, komplexe Maßsysteme, die wir noch heute - oder: heute wieder - ganz genau so benutzen. Wir haben unsere Maßsysteme von ihnen geerbt. …

Bei all dem muss die Frage gestattet sein: Woher kam dieses Wissen?

Fakt ist: Auf unserem Planeten gab es zu Olims Zeiten bereits eine Hochkultur, die dieses Wissen besaß und praktisch anwandte. Diese global wirkende Hochkultur war unserer heutigen Kultur zumindest ebenbürtig, höchstwahrscheinlich jedoch himmelhoch überlegen. Dieser Fakt ist nicht mehr zu leugnen oder unter den Teppich zu kehren.
Aber wo kam diese Hochkultur her? Und wo ist sie hin? Wieso finden wir weltweit die Relikte ihres Schaffens und Wirkens, aber keine (oder kaum) materielle Hinterlassenschaften von den handelnden Individuen?
Auf diese Fragen gibt es nur zwei altbekannte Möglichkeiten der Antwort: Entweder war die Hochkultur irdischen oder außerirdischen Ursprungs.

1.) Falls die Hochkultur rein irdischer Herkunft war, muss sie irgendwie außergewöhnlich gründlich vernichtet worden sein, denn zwischenzeitlich existierte sie auf der Erde nicht mehr. Dazu wären gigantische Katastrophen - künstlicher oder natürlicher Art – notwendig gewesen. Im Zeitraum, seit dem Pyramidenbau bis heute, sind derartig große, globale Katastrophen, bisher nur bedingt vermut- und nachweisbar, sodass die mögliche Realität der rein irdischen Variante mit dicken Fragezeichen versehen werden muss. Dazu kommt, dass breite Entwicklungsspuren,

114

die eine derartige Zivilisation zwangsläufig hinterlassen hätte, praktisch vollständig fehlen.

2.) Falls die einst existente Hochkultur außerirdischen Ursprungs war, muss sie entweder ebenfalls vernichtet worden sein oder bedeutende Teile sind einfach nach Hause geflogen. Dabei ist es durchaus möglich und wahrscheinlich, dass beide Möglichkeiten zusammenspielten und gleichzeitig wirksam wurden. Die außerirdische Variante ermöglicht eine weitaus geringere Individuen-Anzahl als die rein irdische Variante mit langer erdgebundener Entwicklungszeit. Außerdem hätte der heimfliegende Teil der außerirdischen Bevölkerung einen Großteil des Equipments mitgenommen. Beides würde das weitgehende Fehlen von hochtechnologischen Artefakten zumindest teilweise erklären.

Uralte Überlieferungen und Heilige Texte weisen weltweit auf außerirdische Götter hin, die einst unseren Planeten besuchten, kolonisierten und der menschlichen Entwicklung den entscheidenden Schub gaben. Sie enthalten aber auch Berichte und Legenden von unermesslicher Grausamkeit, Krieg und Verwüstung. Demnach kam es wahrscheinlich sogar zu weltweiten atomaren Vernichtungen.

Es ist also möglich und wahrscheinlich, dass der übriggebliebene Rest der außerirdischen Götter nach Hause zurückkehrte, nachdem die Erde aufgrund kriegerischer Auseinandersetzungen für große Zeiträume weitestgehend unbewohnbar und damit für die Götter nutzlos geworden war. Einige wenige von ihnen überlebten jedoch auch direkt auf der Erde. Mithilfe ihrer noch verbliebenen hochtechnologischen Ausrüstung übernahmen sie hier für lange Zeit die Herrschaft, deren indirekten Folgen wir teilweise heute noch gegenüber stehen. Irgendwann im Lauf der Geschichte starben sie aus und/oder gingen durch genetische Vermischung im Rest der irdischen Bevölkerung auf.

Wirklich viel wissen wir bisher noch nicht über die einst existente Hochkultur, auch wenn wir aus den Überlieferungen teilweise sogar die Namen ihrer Vertreter kennen. Ich persönlich halte die außerirdische Lösung für wesentlich wahrscheinlicher. Sie passt einfach besser zu ALLEN bisher bekannten Fakten …

Nachwort

Dieses Buch zu schreiben, war für mich wie eine Entladung. Der eigentliche Text entstand innnerhalb einer Woche. Eine Woche fast ohne Pausen, mit viel zu wenig Schlaf. Arbeiten am Stück, ohne nach Rechts oder Links zu schauen. Das war stressig und tat doch gut. Vielleicht ist es deswegen das dünnste Buch, was ich bisher geschrieben habe. Ich selbst halte es jedoch inhaltlich für das Beste, wohlwissend, dass sich trotzdem nur wenige Leser dafür interessieren werden.

Die Peripherie zu schaffen – also Abbildungen anzufertigen, Überarbeitungen, Einzelschritte auszudenken, …, Entdeckungen zu machen und zu verarbeiten, Ergänzungen vorzunehmen, Korrektur-lesungen, … usw. - dauerte selbstverständlich "geringfügig" länger.

Die Fragen hatten sich über Jahre angestaut und plötzlich fanden sich Lösungen. Eine nach der Anderen. Da musste selbstverständlich mal ein wenig geackert und alles in eine Form gegossen werden, solange das Material noch glühte ...

Der eine oder andere Leser meines Buches "Henochs Uhr – Die Zeit der Giseh-Pyramiden" wird vielleicht auf den Gedanken kommen, dass sich beide Bücher "beißen" oder sogar gegenseitig ausschließen könnten.

Keine Panik: Das ist ganz gewiss nicht der Fall.
Mit "Henochs Uhr" begann meine persönliche Auseinandersetzung mit den naturwissenschaftlichen Phänomenen der Frühgeschichte. Das darauffolgende Buch "Wenn die Erde eine Kugel wäre … Erster Nachweis einer uralten globalen Hochkultur" war und ist die logische Fortsetzung der Arbeiten an "Henochs Uhr". Das hier vorliegende Buch baut auf beiden auf und führt die Erkenntnisse wieder ein Stückchen weiter. Es ist sozusagen der dritte populär geschriebene Teil meiner wissenschaftlichen Arbeit, in Bezug auf die Vorzeit. Vielleicht wird sich eines Tages der eine oder andere Gedanke in den beiden Vorgängerbüchern als unvollständig, nicht ganz korrekt oder sogar als falsch erweisen. Das wäre als völlig normal anzusehen. Wissenschaft funktioniert so.

Ein bekannter Professor sagte einmal: "Wir irren uns empor".

Mit diesem Satz traf er perfekt ins Schwarze.

Doch trotzdem: Bis jetzt sind mir – in meiner eigenen Arbeit – trotz außerordentlich selbstkritischer Herangehensweise noch keine wirklich gravierenden Fehler oder Widersprüche aufgefallen, die das Gesamtprinzip in Frage stellen würden: In den Bauten und anderen Relikten unserer frühen Ahnen sind umfangreiche und exakte naturwissenschaftliche Kenntnisse aller Art eingebaut, die es zu erkennen gilt, um zu begreifen, was einst tatsächlich geschah.

Mathematik, Astronomie, Physik, … und wer-weiß-was-noch beherrschten unsere Vorgänger einst mindestens genau so gut wie wir Heutigen. Oder sogar noch viel besser.

Warum nur ging all dieses Wissen zwischenzeitlich verloren?
Wo sind sie hin, die Götter der Frühzeit?

Es mag vermessen erscheinen, doch ein wenig komme ich mir vor wie Charles Darwin, der seinerzeit dachte, er würde mit seiner Evolutionstheorie den lieben Gott ermorden.

Bei mir geht es allerdings nicht um den lieben Gott, der um sein Leben fürchten muss, sondern um die konventionellen Frühgeschichtswissenschaften, die möglicherweise dran glauben müssen.

Beides ist natürlich maßlos übertrieben. Der liebe Gott hat Darwin lange überlebt. Auch heute erfreut er sich noch bester Gesundheit. Ebenso werden wohl zweifelsfrei die Frühgeschichtswissenschaften weiterhin existieren.

Was jedoch definitiv geschehen wird, werden Veränderungen sein.
So, wie sich die Religionen im Lauf der Zeiten an die wissenschaftlichen Erkenntnisse angepasst haben, so werden auch die Frühgeschichtswissenschaften nicht darum herumkommen, einige ihrer Grundpfeiler ein Stück weit zu versetzen.

Es erscheint paradox, doch die "Wissenschaft" wird sich den wissenschaftlichen Erkenntnissen annähern müssen. Auch wenn sie ihr nicht gefallen und obwohl sie nicht von ihr selbst kommen. Da hilft es auch nichts, noch immer mit aller Kraft dagegen anzurudern …

Ein bisschen Veränderung ist allerdings als völlig normal anzusehen, und nicht wirklich schlimm, solange wir Menschen es nicht schlimm machen.
Im Gegenteil:
Ein wenig frische Luft im Oberstübchen tut manchmal ganz gut.

Als verheerend ist allerdings anzusehen, dass die Frühgeschichtswissenschaften ihre ureigenste Arbeit nicht selber machen – nämlich die ernsthafte und exakte Erforschung der Frühgeschichte zu betreiben – sondern sich von fachrichtungsfremden Leuten (wie mir und vielen Anderen) das weiche Federbettchen richten lassen, in dass sie sich später hineinlegen möchten. An der Stelle muss sich wirklich etwas ändern. Denn wozu unterhalten wir eine Frühgeschichtsforschung, die ihre Aufgaben nicht ansatzweise erfüllt? Oder tut sie das etwa und es merkt bloß keiner?

Selbstverständlich ist das eine Pauschalisierung. Genau so selbstverständlich ist, dass eine derartige Verallgemeinerung nicht zulässig ist.
Doch wie soll man sich in einem kurzen Nachwort verständlich ausdrücken, wenn nicht durch eine knallharte Pauschalisierung?
Im Bereich der Frühgeschichtsforschung ist Veränderung dringend geboten. Daran führt kein Weg vorbei.

Der zukünftige Alltag, der mit den längst angestauten, anzugehenden Veränderungen zu kämpfen haben wird, muss natürlich differenzierter damit umgehen. Als erstes muss ein Kassensturz erfolgen, der die gegenwärtigen Ansichten auf den Prüfstand stellt und gründlich analysiert. Was ist richtig? Was ist falsch? Welche Arbeits-, Wirk- und Ergebnisprinzipien müssen wir ändern?
Erst nach der Analyse sollten wir uns überlegt, aber mutig und entschlossen, an die tatsächlichen Veränderungen heranwagen – und sie auch durchführen. Unsere Ahnen, unsere Neugier und unser Überlebenswille erwarten das von uns. Ja, sie zwingen uns sogar dazu!

Erich von Däniken schrieb einst: "Die Steinzeit war ganz anders."

Wie recht er doch damit hatte. Zumindest ein großer Teil der Steinzeit war nicht steinzeitlich, sondern hochtechnisiert und voll naturwissenschaftlich orientiert. Irdisch und außerirdisch. Auch ist sie viel länger her, als wir uns das heute landläufig vorstellen.

Wir müssen zwingend herausfinden, was tatsächlich in der Vergangenheit geschah, ansonsten laufen wir Gefahr, dass es uns einst genau so ergehen könnte wie unseren Ahnen und ihren Göttern.

Oder noch schlimmer …

Ich hoffe – Liebe Leserin, Lieber Leser – dieses Buch hat Ihnen während der Lektüre ein klein wenig Freude bereitet, auch wenn es nicht einfach zu konsumieren war. Ich weiß natürlich, dass es schwierig und anstrengend ist, ein derartiges Buch zu lesen und gleichzeitig auch noch dem hochkomplizierten Inhalt zu folgen. Das geht mir ja genau so. Außerdem gebe ich Ihnen mein Wort, dass das Schreiben dieses Buches und seine Erstellung auch nicht gerade einfach waren. Trotzdem denke ich, dass es ein gutes Buch geworden ist. Mit viel qalitativ hochwertigem Inhalt und trotzdem noch einigermaßen lesbar. Wenn Sie meiner Meinung sind, schreiben sie es mir bitte. Wenn nicht, dann schreiben Sie es mir bitte erst recht.

Kontaktmöglichkeiten finden sie vorn im Buch in der Titelei. Schreiberlinge sind auf die Meinung ihrer Leser angewiesen, auch wenn sie zu recht nicht zwangsläufig immer angenehm ist. Doch um sich darüber Gedanken machen zu können, müssen sie diese Meinung erst einmal kennen.

Vielen Dank im Voraus.

Mit freundlichen Grüßen

Ihr Paul H. Krannich

Köthen (Anhalt), im November 2010

Abb. 46: *Zwei Kamele am Rande der Wüste ...*

Das dicke - obere - heißt Paul H. Krannich und ist Autor dieses Buches. Das untere ist ein sympathischer junger Hengst, Baujahr 2003, und hört auf den typisch arabischen Namen Mickimaus (auf gut Deutsch: Mickeymouse). Vielleicht ist das aber auch nur sein Künstlername ...

Quellenverzeichnis

[0] Primärquellen: Auf expliziten Wunsch einiger Kritiker gebe ich hiermit gern meine Primärquellen preis: Naturwissenschaftlicher Unterricht der Klassen 1 bis 12 – insbesondere Mathematik – sowie einige Semester in ähnlich gearteten Bildungsrichtungen, wie etwa Statistik, Mathematische Methoden, Netzwerkrechnungen, … etc.
Ich sehe mich allerdings nicht in der Lage, dies rückwirkend auf einzelne Aussagen aufschlüsseln zu können.

[1] "Asterix und Obelix bei Cleopatra / in Ägypten" – Film und Comic

[2] "Die Augen der Sphinx" – Erich von Däniken; Goldmann-Verlag, München 1991

[3] "Lexikon der Antike" – VEB Bibliographisches Institut; Leipzig 1984

[4] "Der Knaur"- Lexikon 15 Bd. – Lexikographisches Institut München; Mohndruck Graphische Betriebe GmbH; Gütersloh 1992

[5] "Wenn die Erde eine Kugel wäre … Erster Nachweis einer uralten globalen Hochkultur" – Paul H. Krannich; BoD Norderstedt 2010

[6] Wikipedia.de - Schlagwörter: Optik; Snellius; Snelliussches Brechungsgesetz; Ptolemaios; Lichtgeschwindigkeit; Winkelfunktionen; Gizeh; Cheops-, Chefren-, Mykerinospyramide; Gavrinis; Sonnenwende; Azimut; Teotihuacan; Sonnen-, Mond-, Quetzalcoatlpyramide; Sinus; Kosinus; Newgrange; … u.v.a.m.

[7] "Pyramiden und Planeten" – Dr. Hans Jelitto; Wissenschaft und Technik Verlag; Berlin 1999

[8] "Pyramiden: Wissensträger aus Stein" - Axel Klitzke; Govinda-Verlag Zürch – Jestetten; 2006

[9] "Henochs Uhr – Die Zeit der Giseh-Pyramiden" - Paul H. Krannich; BoD Norderstedt 2009

[10] "Neue kosmische Spuren" – Erich von Däniken; Goldmann Verlag; München 1992

[11] "Raumfahrt im Altertum – Auf den Spuren der Allmächtigen" Erich von Däniken – C.Bertelsmann-Verlag; München 1993

[12] "Grüße aus der Steinzeit – Wer nicht glauben will, soll sehen!" Erich von Däniken; Kopp-Verlag, Rottenburg 2010

[13] "Bretagne Megalithique" - G. Le Scouezec; Paris 1987 (Quelle übernommen aus [10])

[14] "Wissensspeicher Physik" – Verlag Volk und Wissen, Berlin, 1975

[15] "Leybold Handblätter Physik" – www.leybold-didactic.de

[16] "Auf den Spuren der Allmächtigen" – Erich von Däniken; Goldmann-Verlag; München 1995

[17] „Das Pyramidenkapitel in Al-Makrizi's „Hitat"" - Herausgegeben und übersetzt von Dr. phil. Erich Graefe – Leipzig; J. C. Hinrichs'sche Buchhandlung; 1911

[18] "Sie kamen von den Sternen" – Preben Hansson; Ullstein-Verlag; Frankfurt, Berlin 1994

[19] "Lexikon der Götter und Symbole der alten Ägypter" – Manfred Lunker; Fischer Taschenbuch Verlag; Frankfurt am Main, 05.2005

[20] www.pimath.de – Internetseite von Klaus Pionzik; Pyramiden, Kapitel 4

Abbildungsverzeichnis

Paul H. Krannich - Abbildungen Nr.: 1; 2; 3; 4; 5; 6; 7; 8, 9; 11; 13; 14; 17; 18; 19; 20; 21; 22; 23; 24; 25; 26; 27; 28; 29; 30; 31; 32; 33; 35; 39; 40; 41;42; 43; 44; 45; 46; 47; 48 sowie Titel und Rücktitel (Der Drache des Titelbildes wurde in Beatenberg fotographiert. Er ist dort an Stein geschmiedet, genau wie einst Prometheus. Der Grund dafür ist jedoch ein völlig anderer.)

Abb. 10: Wikipedia, gemeinfrei – Bibliothek Wolfenbüttel
Abb. 12: Wikipedia, gemeinfrei – Urheber: A.C.H. Macrocosmica
Abb. 15: Wikipedia, gemeinfrei – ergänzt/geändert von P. H. Krannich
Abb. 16: Wikipedia, GNU-Lizenz - Urheber: Zatonyi Sàndor, Fizped
                     Homepage: FizKapu
Abb. 34: Wikipedia, gemeinfrei – Urheber: Jackhynes
Abb. 36: Wikipedia, GNU-Lizenz – Urheber: Myrabella;
         Wikimedia Commons / CC-BY-SA-3.0 & GFDL
Abb. 37: Wikipedia, GNU-Lizenz – Urheber: J.E. Walkowitz
         Wikimedia Commons / CC-BY-SA-3.0 & GFDL
Abb. 38: Wikipedia, GNU-Lizenz – Urheber: J.E. Walkowitz
         Wikimedia Commons / CC-BY-SA-3.0 & GFDL;
         ergänzt/geändert von P. H. Krannich

Pharaonen, Sterne, Pyramiden

- Der Beginn einer neuen Zeitrechnung -

ISBN 978-3-837-05146-9

www.bod.de

www.amazon.de

und auf Bestellung: Überall im Buchhandel